JN033856

社長が頑張らなくても
勝手に成長する

「仕組み化」の経営術

仕組み経営
清水直樹
Naoki Shimizu

ビジネス社

はじめに

「真の発見の旅とは、新しい風景を求めることではなく、新しい目を持つことである」

これは作家マルセル・プルーストの言葉です。

本書は、経営リーダーの視点を変えることを提案し、それによって、あなた個人の力を超えて、仕組みで勝手に成長する会社をつくりだしてもらうことを目的としています。いまの事業、いまの社員をこれまでと異なる視点で捉えるだけで、いまあなたが抱えている課題への解決策、会社をさらに発展させていくためのアイデアが生まれるはずです。

世にある仕組みについての話は、営業や人事などの特定業務領域における個別最適的な仕組みづくり、または〝うちの会社の仕組みはこうです。あなたもこれを導入すれば成功します〟といったテンプレート的な仕組みを提案しています。

しかし本来は、経営リーダーの想いを起点として、すべての業務の仕組みを一貫してつくり上げていくことが大切です。そうすることで初めて、ほかにはない独自の仕組みができ、それが自社の知的資産となり、持続的に収益を生み出していきます。本書では、そのやり方を体系的、具体的に紹介していきます。

本書は、売上も人も増えたが、組織が混乱してきたので整えたいという成長企業の創業者、また、安心して後継社長に任せるために仕組みを整えたいという経営者、さらには、自分の代でしっかり仕組みを整えて第二創業を目指したいという後継社長を対象にしています。文中では、そういった方を含め、経営に携わっている方を「経営リーダー」と呼んでいます。

また、本書の内容は、私が師としているマイケル・E・ガーバー氏から学んだことを多分に含んでいます。マイケル・E・ガーバー氏は世界700万部のベストセラーである『はじめの一歩を踏み出そう』（原題：The E-Myth Revisited、世界文化社）の著者であり、世界ナンバーワンの中小企業アドバイザー（米ＩＮＣ誌による）と言われています。

本当は、師を超えるまでは本は出さないでおこうと決めていました。しかし、学んだことを世に広めないこともまた不敬であると感じ、執筆をすることにしました。

ほかにもこれまでに出会った経営者の方々や先哲からの学びをところどころに入れております。ここですべての人に謝辞を述べることはできませんが、これまで私が出会った方々に感謝を申し上げます。

そして、何よりこの本を手に取ってくださった経営リーダーの方々、また起業を目指す志を持った方々へ、あなたの会社が未来へ向けて成長しますことを願い、この本を捧げたいと思います。

あなたの会社独自の仕組みができ、それが動き出したとき、そこにはいままでとは違う世界が広がっているはずです。

２０２４年5月

仕組み経営　清水直樹

「仕組み化」の経営術——目次

第2章 社長がいなくても会社が成長していく「仕組み依存」

第3章 コーチング式！ どんな事業も回っていく「仕組み化プロジェクト」

第4章 「仕組み依存文化」の変革期に起こる問題と対処法

第5章 「仕組み化」をあなたの会社で効果的に活用する方法

第1章

あなたの会社はこの先も存続できるのか?

「企業は人なり」は幻想？

「企業は人なり」

「人材こそが最大の財産である」

というのは良く知られた格言です。

しかし、あなたの会社では、その「人」がかえって悩みのタネになっていませんか？

- 採用した人がすぐに辞めてしまう
- そもそも人が採用できない
- 職場の人間関係が悪い
- ミスや不正が多く、その対応に追われている
- 社員のモチベーションを上げるのに四苦八苦している
- なかなか一人前に育たない

経営リーダーは本来、視点を顧客や未来に向けるべきですが、社内で発生するこういっ

た絶え間ない人の問題の解決ばかりに目がいってしまっていないでしょうか。

会社が停滞する7大パターン

会社がまだ小さいうちは創業メンバーの営業力、人脈、技術力など職人的な能力で成長していくことができます。それから会社が成長し、組織の人数が増えてくると、今度はその職人的な能力がかえって仇となります。

創業メンバーの能力が高いと、高いレベルの商品やサービスを提供できます。その分、業績も伸びますが、顧客はそれに合わせて、より高度なサービスや商品を要求します。そこで社員を雇い始めると、自分はできるのになぜ社員はできないのだ？　任せるより自分でやったほうが早いと考えるようになり、会社の運営が自分個人に依存するようになります。結果として、社員が育たなかったり、離反が生じたり、いつまでも自分が超多忙だったり、などさまざまな問題ができてきます。

たまたま能力の高い社員が入社してきても、今度はその人はできるけどほかの人はできない、その人が辞めてしまったら途端に業績が落ちてしまったなどの問題も起こります。

これらの問題は、会社が「**人依存**」の運営から抜けだせていないことによって発生します。

人依存で停滞している会社にはいくつかのパターンがあります。これらいずれかに当てはまっていると、逃しているいる利益や見逃しているコストが多くなり、結果として会社が停滞します。

あなたの会社もどれかに当てはまっていないかチェックしてみてください。

停滞パターン① 職人型経営

「手に職」をつけて独立した社長の多くが職人型経営に陥ります。独立する前、社長は会社員として専門的な能力を身につけます。専門的な能力が高まってくると、雇われているよりも自分で独立開業したほうが自由になれるし、稼げるはずだと考えます。

実際に独立してみると集客や営業、お金の算段、採用など予想もしていなかった問題が次から次へと降りかかってきます。当初、描いていた自由と豊かさが手に入ることはなく、ずっと忙しく働き続けなければ生計が立てられないという状態に陥ります。そして、自分の体力と時間の限界が事業の限界になります。

このパターンに陥る原因は、自分が専門的な業務を理解しているから、起業してうまく会社経営ができると思い込んでいることにあります。

たとえば、美容師は美容室を開業し、エンジニアはＩＴ企業を創業し、大工は工務店を開業するといった具合です。

しかし実際には、職人としての技術や知識を身につけることと、会社を経営することはまったく別の問題なのです。この点を理解していないことが職人型経営に陥る原因です。

停滞パターン② ハブ型経営

職人型経営が長く続き、顧客数や社員数が徐々に増えていくと、次第にハブ型経営という状況に陥りがちになります。ハブ型経営とは、実質的にほとんどの意思決定権限が社長に集中してしまい、社長個人が会社の意思決定の中心・ハブとなってしまう経営のパターンを指します。

この場合、組織図上は部長や課長といった管理職が設置されていても形骸(けいがい)化してしまい、最終的な判断は社長を経由しないと進まなくなります。**社長がボトルネック**になってしまって、業務遂行のスピードが大きく低下してしまうのです。

社長同士の会合などに行くと、頻繁に社員と電話のやり取りをしている社長がいます。おそらくその社長はハブ型経営です。自分がすべてを決めないと社員が行動できないのです。

加えて、経営が社長個人の勘と過去の経験に過度に依存する傾向が強くなります。意思決定プロセスが適切に標準化・体系化されていないため、後継者育成が困難になり、事業承継へのリスクも高まります。

停滞パターン③　他責型経営

他責型経営とは、組織内の失敗やミスについて、その原因を個人の責任と捉える経営を指します。経営リーダーの能力が高ければ高いほど、ほかの社員が自分と同じようにできない理由が理解できず、彼らのせいにしてしまいます。そのように責任を他人に転嫁する性質が社内全体に伝播します。

- 仕事の結果が良くない場合、それを個人の問題として非難する
- ミスが起きれば、担当者個人の資質や能力を責める
- 「あいつらがダメだからうまくいかない」と他部門や他人を責める

このように、問題の発生原因を他人に求め、人を責める姿勢が蔓延(まんえん)することで社員のやる気もそがれ、生産性が落ちてしまいます。また社員は萎縮し、重要な報告や改善のアイデアや意見を発信することもなくなります。社員間、部門間の関係性が悪化しますが、何より問題なのが、社長自身が失敗や不振の原因を社員のせいにしているため、社長と社員の信頼関係がないということです。

停滞パターン④　三者三様型経営

顧客対応が社員個人個人に依存しており、一貫性が無い状態を三者三様型経営と呼んでいます。〝前回の人は良かったけどな。今回の人はいまいちだな〟〝前回は良かったけど、

今回は酷かったな〟といったような感想を持たれてしまいます。こうなると次のリピートはないですし、オンライン上の口コミも良いものにはならないでしょう。

もちろん、社員はそれぞれ個性があり、それは尊重されるべきです。しかし、**顧客への提供価値は、いつ誰が対応しても同じであるべき**です。

停滞パターン⑤ 偽・移譲型経営

頼れる幹部やナンバー2（右腕）に大部分の運営を任せているものの、いつの間にか自分の意図した方向とは異なる方向に組織が動いてしまっている状態を偽・移譲型経営と呼んでいます。

一見、委任しているように見えますが、実際には放任しています。右腕が欲しい、ナンバー2が欲しいというのは経営リーダーなら誰もが望むことかと思います。しかし、幸か不幸か、たまたま社内に社長のいうことを聞いてくれる優秀な人材がいる場合にこのパターンが起きやすいのです。

偽・移譲型経営は、放っておくと最も大きなトラブルに発展しやすい状態と言えます。

社長が運営の大部分から離れてナンバー２に任せる状態になると、社長の思惑とは異なる顧客対応やサービス提供が行われる可能性があります。

またナンバー２が自分の派閥をつくりだしたり、自分の都合の良いように運営をしだしたりすることもあります。そうなると社長と現場社員の関係性が悪化し、自分が経営している会社なのにもかかわらず、もう会社に行きたくないというところまで追い込まれることがあります。

さらにナンバー２が離脱してしまうと組織は混乱し、社長は再び職人的な仕事に戻る可能性が高くなります。社長はナンバー２に任せて自分依存から抜けだしたつもりであっても、結局、**ナンバー２に依存している人依存経営**であることには変わりがないのです。

停滞パターン⑥　ハローグッバイ型経営

新入社員が「ハロー」と言って入社し、間もなくして「グッバイ」となってしまうという、社員の採用・退職を頻繁に繰り返すパターンを指します。これは、会社が**「いい人さえいればうちの会社は良くなる」と考えている場合に起こりやすい**傾向です。新入社員が早期離職したとき「あいつは根性がなかったな」といった考え方が生まれる場合、このタイプの経営になっています。

本来、その人が活躍できるかどうかを、その人次第にするべきではありません。会社としては、彼らが十分に活躍できるような環境や仕組みを整えておく必要があります。もちろん、人それぞれのタイプや価値観が異なるため辞めていく社員もいます。しかし、会社としてはできる限りの対策を講じる必要があります。

このパターンに陥っていると、大きなコストがかかります。早期離職が多いため、採用コストや研修費などのムダな出費が発生します。また、人材の入れ替わりが激しくなり、業務の効率化も困難になります。

道連れ離職も発生しやすく大きなコストとなります。さらに、経営リーダーは、辞める社員との相談など、後ろ向きな業務に時間を取られます。1人が辞めるだけでも、年収以上のコストがかかると言われていますが、これらのコストに無頓着になっています。

停滞パターン⑦ 烏合の衆型経営

社員の自主性を引き出させ、自発的な働き方を促したいと考えるリーダーは多いと思います。しかし、何も考えずに社員にやりたいようにさせると組織が烏合の衆になります。外部から見れば、社員が活気づいているように見えますが、会社としての一貫性や方向性が定まっていないため、全体としての成果を挙げることが難しくなります。

社員が自分のやりたいことをやっている一方で、会社全体の目標が達成されない状態が続くと、負けぐせがついてしまいます。これは、直接的な利益を見逃すだけでなく、経営リーダーにとってもストレスの原因となります。

前向きに辞めていく社員が増えるというケースも多く見られます。

人は自分の存在よりも大きな目標や意義がある場所に集まりたいという傾向があります。しかし、烏合の衆型経営では、こうした目標や意識が欠如していることが多いのです。その結果、〝やりたいことが見つかりました〟といって、前向きに会社を去っていく人がいます。これも当然、非常に大きなコストにつながります。

以上、人依存のパターンをご紹介してきました。もちろん、企業は人で成り立っていますので、人が大事ではないということではありません。ここで言いたいのはむしろ逆であり、多くの会社では「企業は人なり」と知りつつ、人を活かすことができていないということなのです。

図表1　会社が停滞していく7つのパターン

パターン	逃している利益や見逃されているコスト
職人型経営	1. 社長が忙しすぎて新しいアイデアを検討する時間がない。新しい市場や顧客を見逃してしまい、会社が成長する機会を逃してしまう。 2. 社長やベテランがボトルネックになり、機会損失が出る。 3. 社長やベテランが急に休んだり、仕事ができなくなったりする場合に仕事が止まってしまう。 4. 顧客が長く待たされすぎ、他社に流れてしまう。不満が口コミで広がって売上が落ちる。
ハブ型経営	1. 社員が経営リーダーの指示を待ち過ぎて仕事が遅れる。 2. 社員から新しいアイデアが出ず、改善ができない。 3. 社長が忙しすぎて仕事が止まってしまう。
他責型経営	1. 社員のやる気が落ちて生産性が下がる。 2. 社員が辞めていき、新しい人を採用·教育するコストがかかる。 3. 顧客や取引先から信用を失い、業績が落ちる。 4. 派閥間の情報の共有や協力ができなくなり、ムダが多くなる。 5. ミスやトラブルの報告が遅れ、大きな問題に発展する。
三者三様型経営	1. 仕事ができる人とできない人のバラつきが大きく、業績の波が生じる。 2. 社員が担当顧客とともに離脱し、その分収益が大きく落ち込む。 3. リピート率が安定せず、常に新規開拓コストがかかる。
偽移譲型経営	1. 会社の方向性やビジョンが共有されず、業務品質や文化が悪化。 2. ナンバー2が離脱すると、職人型経営に逆戻り。 3. 社長と社員の信頼関係が薄れ、社長のストレスが増大する。
ハローグッバイ型経営	1. 早期離職による採用·教育コストがムダに発生する。 2. 離職者が増えることによる職場の雰囲気が悪化する。 3. 後ろ向きな業務による生産性低下。
烏合の衆型経営	1. 負けぐせがついて、常に目標が未達のまま。 2. 社員によるミスやルール違反による信頼喪失と法的リスクが発生する。 3. 前向きに辞める人が多いことによる採用·教育コストがムダに発生する。

人を変えるのは難しい。「人依存」から「仕組み依存」へのシフト

「人の問題」に直面すると、多くの会社では、次のような対応策を取ります。

- 外部研修に社員を派遣して成長させようとする
- 優秀な人を採用しようと四苦八苦する（採用ができない）
- 理念を唱和させて、理念を浸透させようとする
- 報奨金を釣り上げてやる気を出させようとする

しかし、これらの対策もなかなか効果が上がらず、人の問題に悩まされ続けています。結局、人の問題を**人を変えることで解決しようとするのは難しい**のです。たとえ、人の問題を人を変えることで解決したとしても、いずれ同じような問題が繰り返されます。社員がすぐ辞める会社には、すぐ辞める仕組みがあり、社員がミスを多発する会社には、ミスを多発する仕組みがあり、社員にやる気がないのは、やる気を失わせる仕組みがあります。これらの仕組みを変えないかぎり、いつまでも同じ問題が起こります。

そこで、この本が提案する解決策は、経営の視点を変え、会社を「人依存」から「仕組み依存」へと変えていくことです。

大半の会社が「人依存」で運営されている一方、世代を超えて繁栄する会社は「仕組み依存」で運営されています。仕組み依存の会社では、「社員も自分（経営リーダー）もいずれ去るときがくる」という前提に立って運営されています。実際のところ、誰もがいずれ会社を去るときがきます。しかし、会社が持つ仕組みは違います。それは自社独自の資産であり、永続するものです。

ですから、経営リーダーが果たすべき最高の役割は、自分に依存せずに、持続的に成果を生み出す「仕組み」を会社に残すことです。これによって、会社は人の入れ替わりや変化にも強く、長期的な繁栄を実現できます。

「企業は人なり」

「人こそが最大の資産である」

この格言が正しいのは、あなたの会社に**人を活かす仕組みがある**場合にかぎります。

第2章

社長がいなくても会社が成長していく「仕組み依存」

時を告げるのではなく、時計をつくる

名著『ビジョナリーカンパニー』（ジム・コリンズ著、日経BP社）によれば、一般的な会社は、ヒット商品、売れる商品づくりをすることが大切だと考えています。一方の永続するビジョナリーカンパニーでは、素晴らしい製品やサービスを次々に生み出せるような仕組みをつくることに力を注いでいます。

両者は似ているようですが、完全に異なる考え方です。カリスマ社長の属人的なリーダーシップで会社を引っ張るのでは、良くても一代限りで終わってしまいます。そうではなく、会社を永続的に成長させる仕組みを整えることこそが、社長の仕事です。

伊勢神宮は20年に一度行う式年遷宮（しきねんせんぐう）という〝仕組み〟によって宮大工の技術を伝承し、いまでも美しく保たれています。そのため、建立当初の目的を現在でも果たしています。永続性を高める仕組みを持っておらず、遺跡となってしまったギリシャ神殿とは対照的です。

伊勢神宮を未来永劫残していきたい、という人々の想い（会社でいう理念）があり、それを実現するための〝仕組み〟として式年遷宮があります。会社も伊勢神宮と同じで、

「仕組み」があることで、何百年も永続することができます。

事例――バカがこれまでにない受注をもらえた理由

人依存と仕組み依存の違いをわかりやすく説明するために、私の会社員時代の事例をご紹介します。あなたの会社が仕組み依存の会社になれば、社員にこういうことが起こると思って想像してみてくださいね。

私がまだ社会人として駆け出しの頃、パソコン業界の営業の仕事をしていました。当時の私は引きこもりがちで、とても営業などできる性格ではなかったのです。ただ、将来起業するためには営業が必要だということを本で読み、苦手な営業職を選ぶことにしたのです。

最初はまったく成果が出ませんでした。同世代の友人ともまともに話せないのに、初めての客先で営業ができるわけがありません。あらためて自分は営業に向いていないということを実感させられました。

そんな私を見かねた当時の上司は、Ａ４１枚のパウチされた資料を渡してくれました。そして、〝バカになったつもりで、ここに書いてあることをお客さんに話してこい〟と言ったのです。素直さだけは持ち合わせていた私は、言われた通りに資料を持ってお客さんのところに行きました。

そして、ほとんど相手の目を見ることもなく、資料に書かれていることを一方的に説明しました。すると、お客さんが「買う」と言ってくれたのです。それが自分にとって初めてと言っていい成果でした。

その成果に喜んだ私は、次はもっとうまく説明できるようにしよう、次は相手の顔を見て話すようにしようという感じで自ら工夫して同じ説明を繰り返していくようになりました。そして営業という仕事に慣れ、自信もつき始めたのです。

さらにその後、上司から〝バカになったつもりで、このセミナー資料を使って、セミナーをやってこい〟と言われました。１対１の営業はなんとかこなせるようになっていましたが、今度はまったく知らない人たちを相手にセミナーをやれというわけです。私はこれも素直に取り組みました。

そして、バカになってセミナーを行った結果、その翌日に、これまでないほど多くの注文をもらえたのです。これも私に大きな自信を与えてくれました。それからの私は人前で

図表2　「人依存」から「仕組み依存」へ

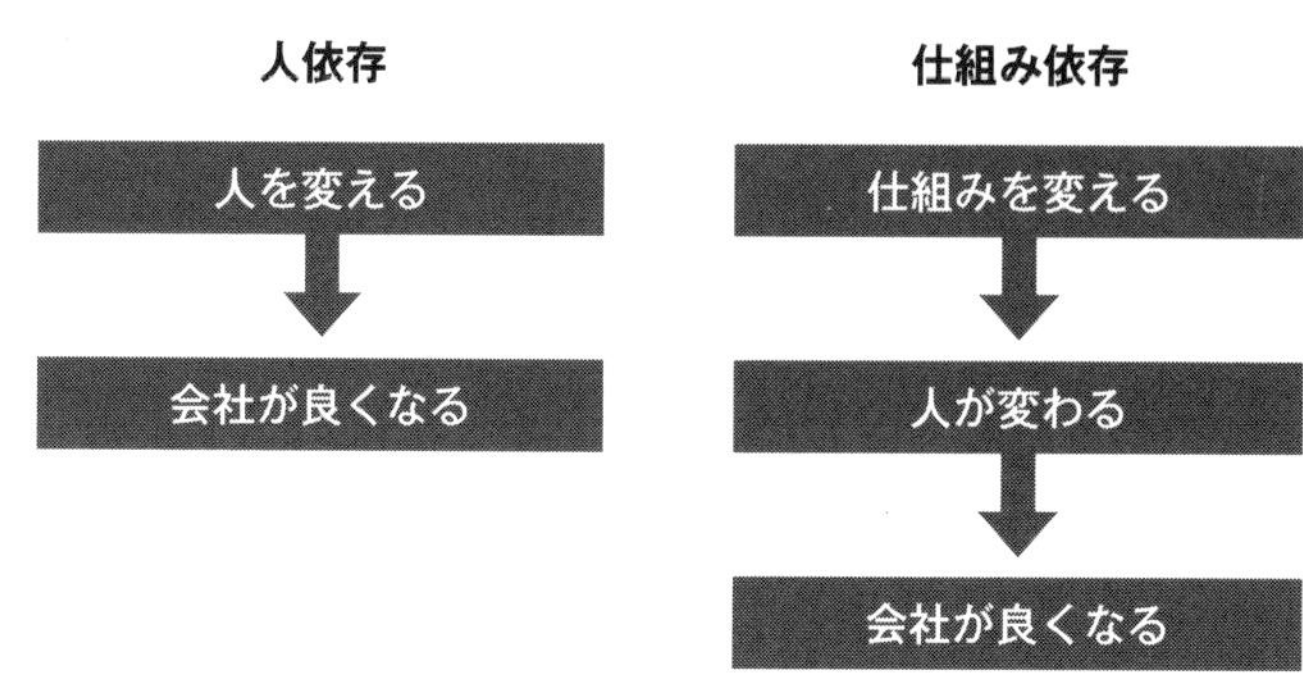

セミナーをすることが好きになり、本来、社内の別の人に任せるべきセミナーも積極的に自分で引き受けるようになりました。

当時の私は、仕組み化なんていう言葉はいっさい頭になかったですが、上司が用意してくれていた営業の資料、セミナーの資料がまさに仕組みだったのです。

つまり、その上司は「営業の仕組みを変える」⇓「人（当時の私）が変わる」⇓「会社が良くなる（商品が売れる）」という理屈で考えていたのです。

私は上司から、営業とはこうやるもんだなどという指導は受けませんでした。ただ、仕組みを用意することで、〝部下に成果を出させ〟、〝自ら望んで営業を好きになり、向上したいと思えるようにした〟のです。これが仕組み依存の会社の考え方です。

“モチベーション”という名の神話

社員にやる気を出してもらうために四苦八苦している経営者は多いと思います。しかし、「モチベーションを上げて仕事をしてもらおうとするのは神話である」とマイケル・E・ガーバー氏は言っています。これをモチベーションの神話と呼んでいます。

社員にモチベーションを上げて成果を出してもらうのではなく、その逆こそ正しいのです。つまり、成果を出させることによって、自ら動機づけされるのです。先ほど挙げた私の事例はまさにそれであることがおわかりいただけると思います。

筋トレをやったことがある方なら、それを実感できるかもしれません。筋トレは、最初はつらいと思うかもしれませんが、何日か続けると、明らかに身体に変化が起こります。すると、もっとやればもっと筋肉がつくかもしれないと自ら動機づけされ、筋トレすることが苦ではなくなり、むしろ快楽になっていくのです。

あなたの会社の仕事もこのようになったらいいと思いませんか？　仕組み依存の会社に変革することで、それが可能になります。

「人に新しい考え方を教えようと思ったら、彼らにそれを教えるようなことはしてはならない。道具を与え、それを使わせることで新しい考え方が身につくのである」

バックミンスター・フラー

次ページに、人依存の会社と仕組み依存の会社の違いをまとめておきましょう（図表３）。これらの違いこそ、経営リーダーの会社に対する視点の違いです。視点を変えるだけで、あなたの会社は大きく変わっていきます。

そもそも〝仕組み化〟とは何か？

最近では書籍やセミナー、研修などで仕組み化の重要性が強調されています。しかし、仕組み化とはいったい何なのかということが正確に定義されていないように感じます。

私が考える仕組み化とは、**「自社独自の再現性のある仕事のやり方をつくり上げる継続的な活動」**です。

ここで重要なポイントが２つあります。まず１つは**「自社独自の」**ということです。も

図表3　「人依存」と「仕組み依存」による違い

項目	人依存	仕組み依存
1. 成果は	ノウハウや知識が属人化されており、成果がバラバラ	業務が標準化され、成果が安定。仕組みの改善によって、成果の改善も可能
2. ミスが起こると	ミスの原因を他人や他部署のせいにするため、組織文化と人間関係が悪化。仕組みが変わらないので、同じミスがまた起こる	ミスの原因を仕組みのせいだと考え、仕組みを変えて解決する。組織文化は良好に保たれ、再発防止が可能
3. 利益を上げるために	「投入時間＝成果」という考えが染みついており、長時間労働とプレッシャーで社員が疲労	うまく行ったやり方を仕組み化し、他部署や他事業、他店舗に展開することによって、楽に成果が出る
4. 社長の焦点は	優秀な人を探す（来ても辞める可能性有）	良い仕組みをつくる（普通の人でも成果が出せる）
5. 会社の資産は	人材（転職･独立は個人の自由、非独占的）	仕組み（独占的資産で100年後も残る）
6. 意思決定は	社長に集中（社長がボトルネック）	しかるべきポジション（役職）に分散（環境変化に素早く対応可能）
7. 社長の仕事は	過去と現在への対処（トラブル対応に忙しい）	未来事業の創造（仕組み化して時間を確保）
8. 会社が永続するかは	後継者次第（後継者育成や承継の仕組みなし）	仕組み次第（後継者を輩出する仕組みあり）
9. 社長の方針は	掛け声だけ（実行は気分次第）	仕組みに落とし込まれ、確実に実行される
10. 社長にとっての良い商品とは	良い品質や良いサービス（将来収益の再現性に乏しい）	良い会社（将来収益が予測しやすく企業価値が高い）

図表4　仕組み化の重要なポイント

＝　自社独自性　＋　再現性

＝　社内における良い習慣

う1つが「再現性」という点です。自社独自の再現性のある仕事のやり方をつくり上げることで、この本のテーマである「仕組みで成長する会社」が実現できるということです。

■再現性だけでは仕組みで勝手に成長しない

一般的に言われている仕組み化の話は、おそらくほとんどが「再現性」の側面に焦点が当てられていると思います。つまり、誰でもいつでも同じように価値を提供できるようにしようということです。

たとえば、自分が行っている営業の仕事を標準化して、ほかのメンバーでも同じように行えるようにすれば、仕組みができたと考えています。たしかにそれも仕組み化の一部ですが、これだけでは「仕組みで勝手に成長する会社」を実現するには不十分なのです。

■平凡な仕事を複製しない

あなたの会社で行っているさまざまな業務があると思いますが、いま行っている仕事のやり方がベストなやり方とはかぎりません。とくに人依存に陥り、精神的にも時間的にも追い詰められた状態で行っている仕事は、あなたが思い描く理想的な仕事のやり方とは異なるでしょう。

ですから、それを再現可能にするだけでは、優れた成果を上げることは難しいのです。ごく平凡な仕事のやり方をほかの人にもできるようにするだけでは、特別な差別化が生まれません。ただ平凡な仕事が複製され、平凡な会社ができるだけという結果になってしまいます。

■自社独自性こそ仕組みで成長するカギ

そこで重要になるのが「自社独自の」という部分です。「自社独自の」仕組み化とは何かというと、利害関係者との約束を果たすやり方、つまり顧客に価値を提供する方法です。自社独自の仕組みは、他社とは異なる自社独自の考え方や強みを活かした、顧客に対する差別化されたサービスや価値提供の方法を指します。

他社と同じような仕事のやり方をしていても、その会社自体に特別な魅力や付加価値がなければ、顧客にとっては選択肢の1つにすぎません。しかし、自社独自の仕組み化を行い、顧客に特別な体験や価値を提供することができれば、顧客からの支持や信頼を得ることができます。これが、仕組みで成長する会社を築くための重要なポイントです。

〝約束を果たすための仕組み〟が会社を成長させる

仕事は究極的に何のために行っているかというと、顧客との約束を果たすために行っていると言えます。仕事は、まず顧客に対して約束をするところから始まります。たとえば、「うちの商品を使えばこういう成果が得られます」と顧客に約束し、その商品やサービスを提供することが基本的な流れです。

顧客に対してどんな約束をするかは、各社ごとに異なります。各社ごとに理念や表現したいブランドが異なるからです。そして、その理念やブランドに沿った仕事のやり方が他社との違いを生みだし、顧客にとって特別な価値を提供することができれば、会社の成長につながります。さらに、それを再現可能にすることが、仕組みで成長する会社を築くことにつながります。

また、社員を雇用すれば、今度は社員との約束を果たす仕組みが必要になります。〝うちの会社はこういう方針でやっていて、このくらいの待遇で、10年後にはこのような能力が身につきます〟というように自社独自の魅力をアピールするための約束をして雇用契約を結びます。その約束を守るための仕組みを整え、改善し、機能するようにしていくわけです。

ありふれた仕事のやり方を再現可能にするだけでは、仕組み化に対する投資の効果が上回らないため、仕組み化の努力がムダになることもあります。

社内に「良い習慣」をつくりだす

いま理屈っぽくお伝えしたので、もっと簡単にお伝えします。仕組み化とは、**社内に良い習慣をつくる**ことです。良い習慣を取り入れることで、社員の方々が頑張らなくても良い成果が出るようになります。

たとえば、一流のプロスポーツ選手を見てみると、独自のルーティンを持っています。

毎日同じ味のカレーを同じ時間に食べる、またはしっかり睡眠をとる、給水休息をとるといった習慣です。これによって彼らは良いパフォーマンスを発揮し、成果を出しています。

もっと身近な例でいえば、歯磨きが挙げられます。子供の頃は歯磨きを嫌がります。しかし、それにめげず歯磨きを続けさせていくと、やがて習慣化します。大人になる頃には、意識も苦労もせずに歯磨きができるようになり、結果として虫歯にならないという良い結果が得られます。

仕組みづくりも最初は社員から反発が出るかもしれません。しかし、それにめげずに続けていくことによって、社員は無意識のうちに取る行動によってよい結果を得ることができるようになります。

毎回ゼロイチをやるか、積み上げるか？

仕組み依存の会社は、会社の力が積み上がり続けるために持続成長することができます。たとえば、「経営計画の発表会を企画運営する業務」を取り上げてみましょう。第１

図表5　会社の力が積み上がらないゼロイチ

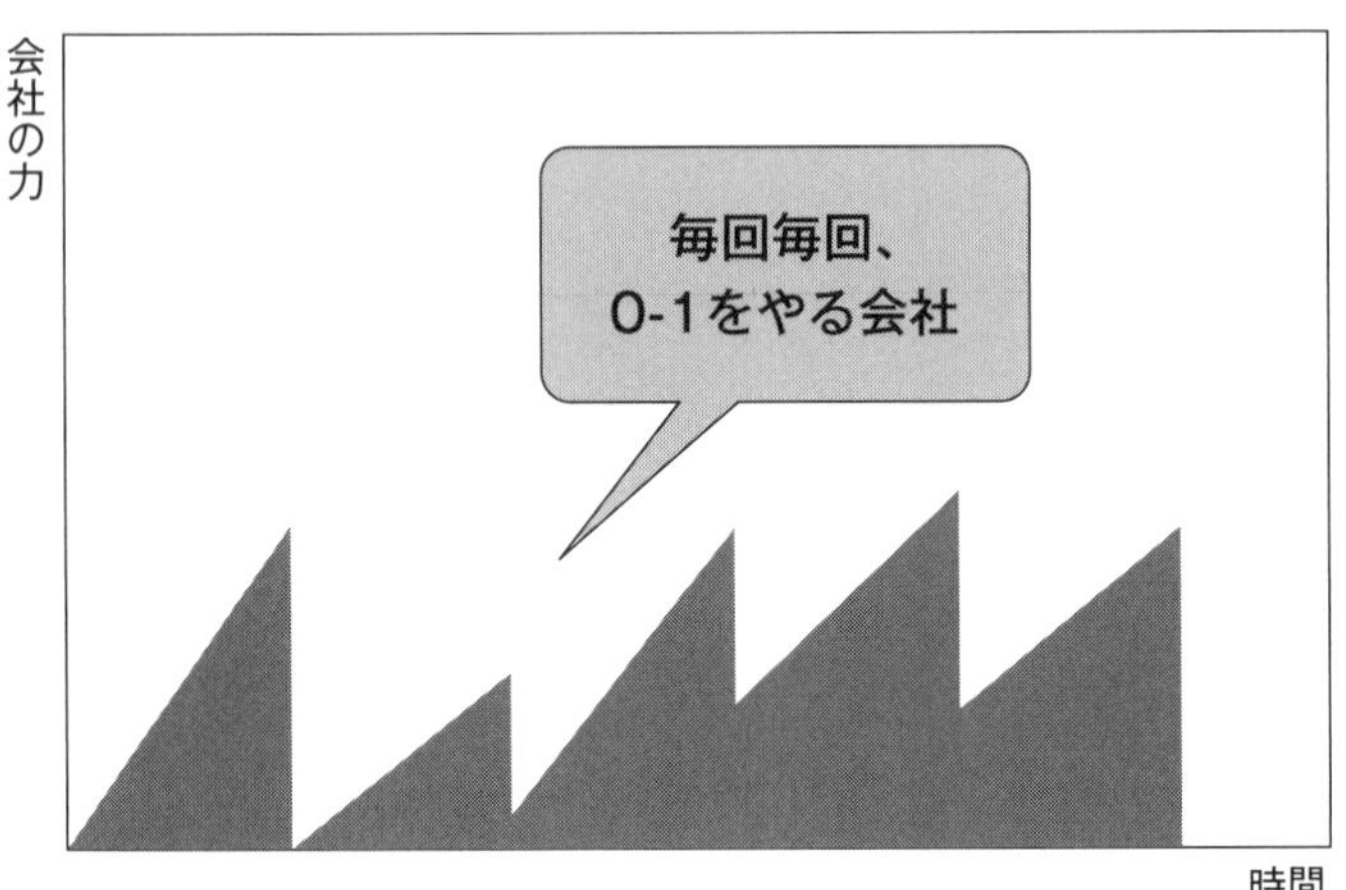

図表6　仕組み依存で会社の力が積み上がる

回目の開催は、資料から段取り、会場手配まで全部ゼロから担当者が試行錯誤しながらなんとか開催にこぎつけます。

翌年、担当者が変わって第2回目の開催を迎えることになりました。

この業務が仕組み化されていなかった場合、またゼロからのやり直しになります。また試行錯誤しながら、さまざまな準備をしなくてはなりません。たとえ担当者が変わっていなかったとしても、1年前の出来事なので、準備や運営方法を忘れている可能性もあります。

人依存の会社は、社員が毎回ゼロイチをやることになりますので、会社の力が高まっていきません。

いっぽう、第1回目で行ったことを業務フローとマニュアルとしてまとめておいたらどうなっていたでしょうか。

担当者が変わっても、同じように実現可能ですし、試行錯誤する時間をなくすことができるので生産性が上がります。また、その空いた時間で、第1回目よりももっと良い開催方法、もっと効果のある演出はないかと創造力を働かせることもできます。

このように、仕組みとは社員をより生産的に、創造的にするものなのです。

私が仕組み化を知ったマイケル・E・ガーバー氏の教え

この本でお伝えしていく仕組み化の方法は、マイケル・E・ガーバー氏から学んだことが多分に含まれています。氏は世界700万部のベストセラー『はじめの一歩を踏み出そう』の著者であり、世界ナンバーワンの中小企業アドバイザーとされています。

ガーバー氏は、おそらく世界で初めて仕組み化という概念を世界中の中小企業に広めた人物です。

これから仕組み化を進めていくにあたって、ガーバー氏の思想をお伝えしてくことは役に立つと思いますので、以下に大事なポイントをまとめておきましょう。

・ほとんどの事業は起業したいという熱に駆られた職人によって始められます。手に職を付けて、自分の好きで、得意なことを武器に、誰かの会社のためではなく、自分のために働きたいと考えている人たちです。彼らは、自分が専門的な仕事を理解しているから、起業してうまく行く会社を経営できると思い込んでいます。実際には、手に職を付けることと、会社を経営することは、まったく別の問題であり、それを理解していないことは致命的な誤りです（職人型経営）。

- 致命的な誤りから抜け出すためには、経営者に求められる3つの人格を理解し、コントロールすることです。多くの会社は、経営者が7割の時間を職人的人格で過ごしています。いっぽう、数少ない成功する会社の経営者は、起業家、マネジャー、職人の人格を1／3ずつ活用しています。起業家は、将来を見据えたビジネスのビジョンを描きます。マネジャーは、ビジネスに仕組みを導入し、秩序をもたらします。職人は、目の前の仕事を終わらせます。
- 起業家的な経営者にとって本当の製品とは、会社それ自体です。成功するビジネスを構築するためには、目の前の仕事に没頭するのではなく、ビジネスの全体像を設計し、自分がいなくてもうまく回る仕組みづくりに取り組むこと（Working On It, Not In It）です。
- 平凡な人が非凡な結果を出すためには、必要な能力と実際の能力との間のギャップを埋めなければなりません。その役割を果たすのが仕組みなのです。

・会社はそれ自体が生命体のような1つのシステム（仕組み）であり、複数のサブシステム（各業務の仕組み）が連動して動いて会社を動かしています。

私がガーバー氏に出会ったのは2010年です。それまでに私は2社を起業し、そのどちらも倒産してしまいました。当時は3つ目の会社を経営していましたが、成長の限界を感じていたため、ガーバー氏から教えを受けるために渡米しました。

なぜ起業が失敗したのかを反省し、さまざまな起業法や経営のノウハウを勉強するなかで、ガーバー氏の思想がそれら経営ノウハウの源流にあると感じたのです。そういえば、『はじめの一歩を踏み出そう』も昔読んだことを思い出しました。ただ、当時は会社員だったので、読んでもまったく響かなかったのです。1回読んですぐに古本屋さんに売ってしまいました。

ガーバー氏の思想が源流だと気づいたとき、もう一度、本を読み直したのです。すると、本に書いてあることが理解できていなかったために失敗したのだなと痛感しました。当時は、自転車操業状態だったのでお金がなかったのですが、友人からお金を借りて渡米し、彼と会うことができたのです。

最初は自分のビジネスを成功させるために彼に会いに行ったのですが、彼の教えを日本で広めようという考えが湧き起こりました。帰国後、実際に彼の教えを伝えた結果、多くの会社が成長され、〝おかげ様で人生が変わりました〟とおっしゃってくださった社長もお1人や2人ではありません。〝そんなに感謝されても、自分のおかげではないんだけどな……〟という葛藤もありつつ、そう思ってくださる方がいるのであればこれが私の使命かもしれないと気づき始め、いまの活動につながっています。

というわけで、この本でお伝えする内容は私が開発したものではありません。ただ面白いことに、ガーバー氏もこれは自分が開発したものではないという主旨の話をしています。かつてガーバー氏は、このように言いました。

「ジョブズ（アップル創業者）やレイクロック（マクドナルドを世界中に広めた人物）は経営の原則を知っていたが、書き記さなかった。私はただ、それを書き記そうとしただけだ」

ガーバー氏は、偉大な経営者たちが私たちよりも先に、私たちの代わりに悩み、苦労し、失敗し、成功してきたことを集大成しようとしたのです。この本では、その集大成をベースにしながら、日本人の精神性や文化に合うよう、伝え方を工夫し、あなたの会社で実践できるようになっています。

あなた個人の力を超えて、素晴らしく繁栄する会社づくりのはじめの一歩を一緒に踏み出しましょう。

なぜ仕組み化は失敗するのか？

この本を手に取っていただいたあなたは、おそらく何かしらの仕組みづくりに取り組んでいるか、過去に取り組んだ経験があるのだと思います。しかし、思ったように成果が出ないということで本を手に取られたのかもしれません。そこで最初に、なぜ仕組み化の試みが失敗するのかを見ていきたいと思います。

■失敗理由① 仕組みつくって魂入れず

仕組み化というと業務マニュアルをつくったり、ルールを整備したり、ツールを入れたりといったことを思い浮かべますよね。しかし多くの場合、そのような仕組みづくりに取り組んでも問題がなくなりません。
どんな問題が起こっているのかというと、次のような感じです。

- 業務のマニュアル化をしよう⇓使われない立派なマニュアルができる
- 人事制度を入れて社員を動機づけしよう⇓自社の文化に合わず、結局自分たちでつくり直しに
- 職務分掌で責任を明確にしよう⇓縦割り組織になり、他責文化に
- 社内ルールを明確にしよう⇓形骸化し続けるルール
- 数字で管理するようにしよう⇓目標不達の責任を擦りつけ合い他責文化に

これら問題が起こる根本的原因は、会社の「理念」と「仕組み」が連動していないためです。つまり、「仏つくって魂入れず」の状態になってしまっているのです。仕組みで成長する会社を実現させるには、会社の理念と仕組みを高次元で融合させることが不可欠です。

会社の理念と仕組みには次のような関係性があります。

「無法地帯」は、仕組みも理念もない状態を指します。組織にルールも方向性もなく、無

図表7　理念と仕組みの関係性

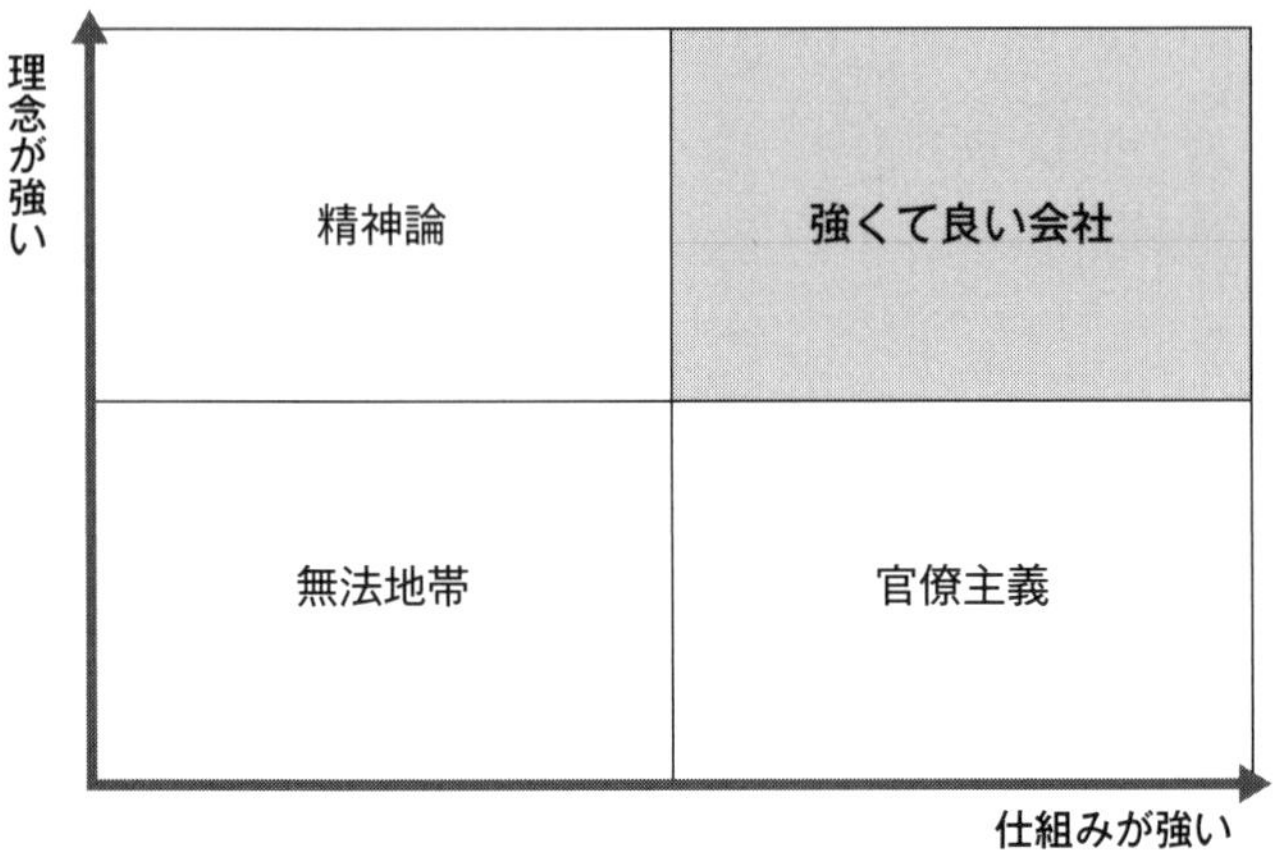

	仕組みが弱い	仕組みが強い
理念が強い	精神論	強くて良い会社
理念が弱い	無法地帯	官僚主義

秩序な状態です。各人が勝手に振る舞うため、まとまりがなく機能不全に陥ります。

「官僚主義」は、仕組み（ルール）は整備されているものの、理念が欠けている状態です。形式主義に陥り、本来の目的を見失いがちです。社員のモチベーションも下がり、生産性が低下する危険があります。

「精神論」は、理念は強いが仕組みが不備な状態を指します。理想は掲げられるものの具体的な実行方法がなく、理念が空虚なスローガンに終わってしまう可能性があります。

対して、右上は理念と仕組みが適切に融合した状態です。理念が仕組みに生命を吹き込み、仕組みが理念を現実のものとします。

私たちが目指したいのは、理念と仕組みが融合された会社です。

前にも申し上げましたが、仕組みとは自社独自の再現性のある仕事のやり方です。しかし、一般的には再現性さえあれば良いと考えられがちです。再現性を持たせるためにマニュアルを作成したりするものの、それに従っても成果が出ないという状況になり、結局続かない結果となってしまいます。

仕組みの本当の意味が理解されていないために、結果として続かないケースが多いのです。自社独自の再現性という視点が欠けていることが、多くの失敗の背景にあると言えます。

■失敗理由②　他社の丸パクリ

ほかの会社を見学したり、ほかの社長から話を聞いたりして、それが良さそうだと感じてしまい、そのまま自社に導入してしまうケースがよくあります。また、コンサルティング会社が提案した仕組みをそのまま導入することもあります。最初は良さそうに思えますが、実際に導入してみると、社員が使わない、あるいは反発してしまうという問題が生じることがあります。

これは非常によく見られる失敗パターンです。会社は１つの生命体のようなものであり、その生命体は複数の仕組みで成り立っています。たとえば、私たちの体には心臓や肝臓などのさまざまな臓器があります。それぞれの臓器が1つの仕組みと考えられます。私たちの体内に他人の臓器を突然入れたらどうなるでしょうか？　これには拒絶反応が起こるでしょう。同様に、会社のなかに他社でうまくいっている仕組みを導入しても、そのままうまく機能するとは限りません。

ここで重要なのは、「全体最適と部分最適」の概念です。部分的に良さそうな仕組みを取り入れても、それが全体として最適に機能するかどうかは別の問題です。ですので、他社がうまくいっている仕組みをそのまま導入しても、全体としての効果がない場合があります。会社全体、そして自社が目指すべき姿を考え、自社に合った仕組みをつくり上げることが大切です。

■失敗理由③　仕組みつくって人を育てず

これは他社から持ってきた仕組みを導入する際に起こりがちな状況です。仕組みは改善を続けるものであり、他社のやり方をそのまま導入しただけでは、その仕組みを理解し、運用できる人材が育成されないということになります。

このような状況では、仕組みの改善と運用ができず、結果的に形骸化した仕組みになります。

日本を代表する企業であるトヨタは、何代にもわたって持続成長を続けています。その11代目社長である豊田章男氏は、社長が交代してもうまく回るように経営の仕組みをつくっていたとされています。２０２２年６月15日トヨタ自動車の株主総会での質疑応答にてトヨタ番頭小林耕士氏は次のように語っています。

「社長は次世代に向けて、経営の仕組みづくり、人財育成をしてきました。なので、誰が後継者になろうと、おそらくうまく回ると私は信じています」

持続成長を目指す経営者にとって、これは非常に重要な言葉だと思います。この本で紹介するステップに基づいて仕組み化に取り組んでいただければ、会社の仕組みづくりと同時に、仕組みをつくれる人材、つまり経営リーダーが育っていきます。

仕組みとは自社独自の再現性のある仕事のやり方なので、仕組みをつくる際に、自社独自性とは何なのか？　を考える必要があります。自社の独自性は経営者の想いや理念から生まれます。したがって、仕組みづくりに取り組むメンバーは、自然と理念を意識せざるを得なくなるのです。

「はたしてこの仕事のやり方は自社らしいのか?」
「この理念実現のためにはどんな仕組みをつくるべきなのか?」

こういったことを考えるのはまさに経営リーダーの仕事です。

あなたの会社の幹部候補や次世代のリーダークラスの方々が経営陣と一緒に仕組みづくりに取り組むことで、自然と理念が共有されていきます。つまり、仕組みづくりそのものが、ほかでは体験することができない人材育成の仕組みになるのです。

マイケル・E・ガーバー氏は、中小企業とは道場のようなものだと言っています。その意図は、集中力をもって仕事に取り組むことで、自分自身と向き合い、自己成長を遂げることができるということです。日常的な業務の些細なことも見逃さず、自社独自のやり方を追求していくことで仕事も人も磨かれていくのです。

■失敗理由④ 一貫性の欠如

あなたの会社でも、どこかでうまくいっていないと感じる部分があるかと思います。たとえば、営業がうまくいっていない、人事が弱い、組織づくりがうまくいっていないなど、いろいろな問題が起きます。そのたびに、異なるノウハウや解決策を持ち込んでその部分を修正しようとすることがあります。しかし、これは一貫性が欠如した仕組み化(断片的仕組み化）につながります。

会社を機械とみなせば、どこかが壊れたらその部品を変えれば良いということになります。これは部分最適化や要素還元主義と呼ばれ、「ここが問題ならここを直そう」というアプローチです。

しかし、先ほどお伝えした通り、会社はそれ自体が１つの生命体のようなものです。生命体は複雑な構造をしており、機械のように単純ではありません。部分的な改善がほかの部分に悪影響を及ぼすことがあります。すると、また別の部分を改善する必要が出てきますが、そこをいじれば、また別のところが壊れてしまいます。

このような状態を例えるならば、モグラ叩き(たた)きのようなものです。どこかを叩いては問題が出て、また別の部分を叩いては別の問題が出てくるという状態です。

この状態の発生原因は、仕組みを正しいステップで構築していないことです。のちほど実践していきますが、社長の人生観や会社の理念から出発し、それをもとに全体像を見据えて仕組みをつくり上げていくことが必要です。

■失敗理由⑤　運用の仕組みの欠如

これはこれまでの失敗理由が重なって起きます。運用とは、仕組みを活用して改善していくことです。運用できる人がいない、または運用の仕組みがないために仕組みが形骸化してしまいます。仕組みをつくるときには、最初から運用の仕組みをセットで考えておくことです。

仕組み化は終わりがないと言っても過言ではありません。大企業でも日々仕組みの改善に取り組んでいます。ウォルト・ディズニーは、「ディズニーランドは毎年新しくなる。毎年ディズニーは新しい機会を提供する。だから誰もディズニーランドをすべて知ることはできない」と言ったそうです。

つまり、ディズニーランドは絶えず改善し続けています。そのため、何度も行きたくなるわけです。

仕組みの基盤ができるのは1年や2年ぐらいでしょうが、そこで終わりではありません。常に改善し続けることで自社の強みを強化し、時代に適応することができる持続可能な会社になっていきます。

■失敗理由⑥ 自分たちでつくっていない

外部から持ってきたマニュアルや仕組みに依存すると、仕組みを守ることが重要視され、社員の創造性を奪うことになります。これまでに述べた通り、仕組みとは自分たちでつくり上げることに意味があります。自分たちでつくることで、社員の創造性が発揮され、経営リーダーへの依存が大幅に減少します。

■失敗理由⑦ リーダー陣が決まりごとを守っていない

仕組みや決まりごとや習慣がつくられても、それを社長や管理職などのリーダーが守らなければ、完全に形骸化してしまいます。これは言うまでもありません。

中小企業の場合、社長は経営者と同時に株主であることが多いです。株主は会社のルールが直接適用されるわけではありません。たとえば、日報を出すことが会社のルールとして定められていたとしても、株主は別に日報を出さなくても良いのです。なぜなら、株主は会社の外にいる存在であるため、会社内のルールは直接適用されないからです。そのため、社長が完全に株主として会社の実運営に関わっていないのであればルールに従わなくても問題ありません。

しかし、社長が日々の運営に携わっているのであれば、会社のルールに従わなければなりません。つまり、社員に日報を出すように求めたならば、社長自身も日報を出さなければなりません。そうでなければ、社員は「なぜ我々だけがこんなことをしなければならないのか」と疑問を持つことになります。

「そんなアホな」と思われるかもしれませんが、私のお客様のなかで、実際に社員と一緒に日報を出している社長がいます。その日、自分が行ったことや気づいたことなどを毎日全社員に配信することで、社員との信頼関係が構築され、お互い言いたいことが言える非常に生産性の高い組織になっています。

第3章

コーチング式!
どんな事業も回っていく「仕組み化プロジェクト」

インサイドアウトのアプローチ

ではいよいよ、実際に仕組み化を進めていく方法をご紹介していきます。
仕組み化のステップは大きく分けると、次の3つがあります。

1．経営者の人生観（人生の目的、価値観、計画）の明確化
2．経営者の人生観を反映させた会社の理念体系の整理と明文化
3．理念を実現するための各業務の仕組み化

実はこのステップが決定的に大事なのです。世の中で素晴らしく成長し、社長と社員が幸せな会社では「経営リーダーの人生観－会社の理念－業務」の一貫性が完璧に整っています。

手っ取り早く仕組み化しようとすると、このステップを逆にやり、いきなり業務の仕組み化からスタートしてしまいます。

マニュアルやルールをつくれば業務がうまくいき、会社も繁栄し、自分の人生も良くなる。このような考え方を「アウトサイドインのアプローチ」と呼びます。第２章でもお伝えした通り、このアプローチでは仕組みが形骸化する可能性が高いですし、そもそも何のためにこの仕組みをつくったのかという目的が社内で共有されないために社員からの反発も大きくなります。

逆に、内側（経営者の想い）から出発し、会社の理念を起点として仕組みを構築していく方法を「インサイドアウトのアプローチ」と呼びます。インサイドアウトのアプローチによって、単にマニュアルやルールといった単発の仕組みをつくるのではなく、会社の文化自体を仕組み依存に変えていくことができます。

これはあとで詳しく説明しますが、すべての仕組みには、〝○○を実現するための仕組み〟といったような〝目的〟が存在します。その仕組みをつくった目的が何なのか、その仕組みをつくった人の魂が何なのかが大事なのです。

現状診断（１００項目の仕組み化診断シートダウンロード）

まず自社の仕組みがどうなっているのかを診断してみましょう。この本では特典として

図表8　インサイドアウトのアプローチ

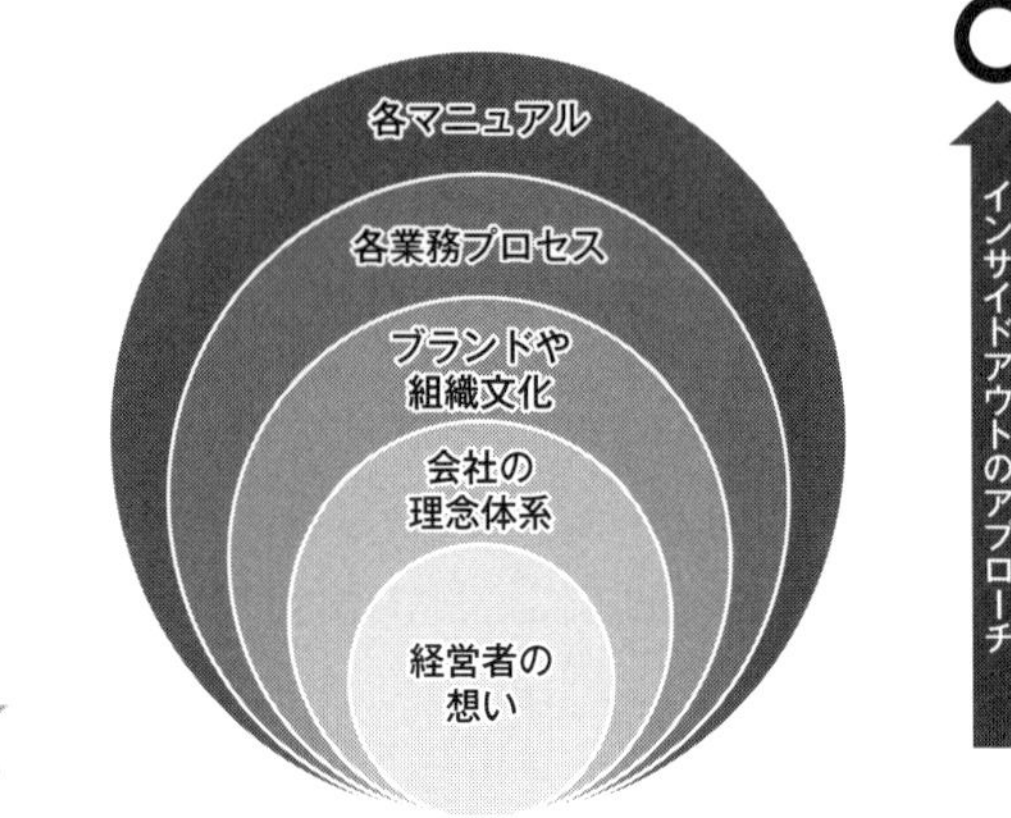

仕組み化の全体像

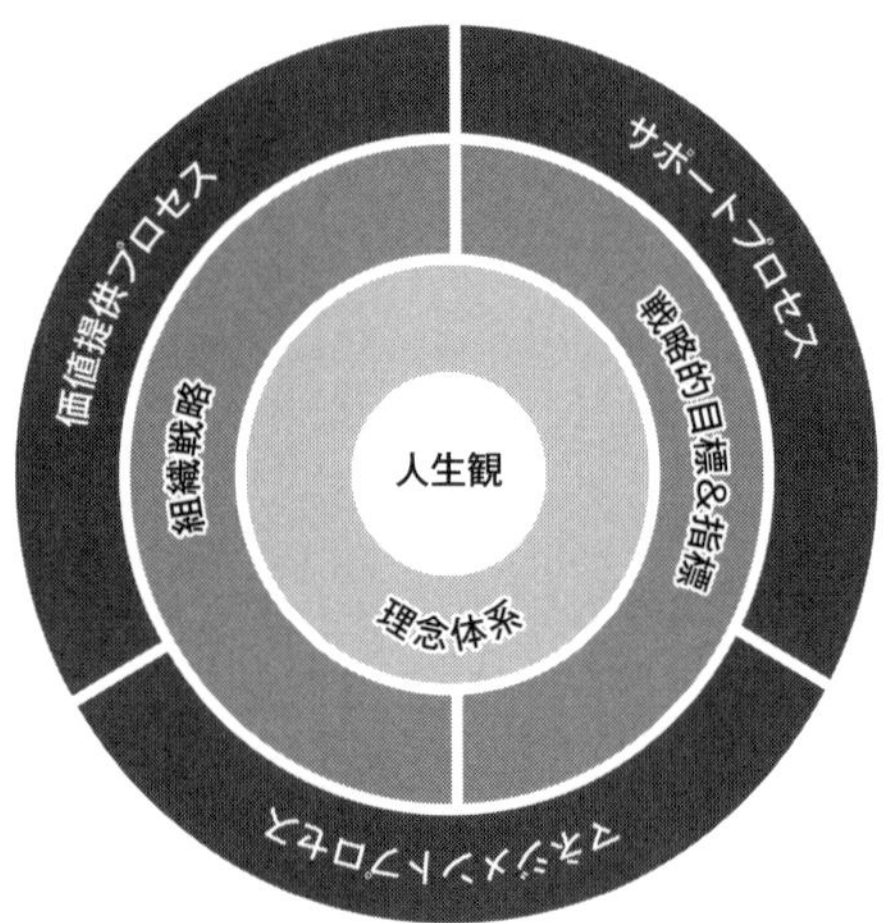

「100項目の仕組み化診断シート」をダウンロードしていただけるようにしております。以下からぜひダウンロードし、取り組んでみてください。診断に取り組むだけでも、〝こういう仕組みが必要なんだな〟ということがわかると思います。

https://www.shikumikeiei.com/book/

ステップ① 人生観を明確化する

あなたの人生の目的、生きている目的は何ですか。そして日々の人生のなかで大切にしている価値観は何ですか。その人生の計画はどのようなものですか。

会社の仕組み化をするのになぜ人生を考えるんだ？　と思うかもしれませんが、社長の人生と会社は非常に密接につながっています。人生の目的が会社にとっての夢やビジョンになりますし、価値観が会社の企業文化になります。そして、人生の計画に基づいて会社の計画も立てねばなりません。

経営者が事業を通じて幸せになるには、2つのアプローチがあります。1つ目のアプローチは、儲かる事業を見つけ、それを運営し、得た利益で自分が理想とするようなライフスタイルを手に入れる方法です。

このアプローチを取る場合、経営者の人生の目的と事業目的は関係性がなくても良いことになります。ただし、このアプローチで自分の介在なしで成長するような会社をつくるには、多くのルールをつくり、信賞必罰を厳しくして、コントロールする必要があります。

このやり方でうまくいく場合もありますが、社員数が増えるごとにコントロールを厳しくしていかないといけないので大変です。実際のところ常にメンテナンスが必要であり、何より、利益を上げるためだけに経営をしているのでストレスが溜まります。

経営者が事業を通じて幸せになる2つ目のアプローチは、経営者の人生の目的と事業をリンクさせ、その事業を経営すること自体が自分の幸せであるというような会社をつくり上げることです。

この場合、経営者の人生の目的と価値観に共感する人たちを集め、彼らとともに会社を運営することになります。目的と価値観が共有されているためにルールやコントロールは最小限ですみます。

本書では2つ目のアプローチをお勧めしています。なぜならば、そのほうが仕組み化の試みもシンプルになりますし、何より経営者としての本当の幸せにつながるからです。

また、人生計画も会社の計画にリンクさせる必要があります。たとえば、あなたがいま50歳だとしますね。そうすると、あと20年ぐらいで引退を迎えるわけです。そのときに向けてどういうような会社にしていきたいかを考えないといけないということになります。20年後に引退するのであれば、承継の計画も立てましょうという話になってきます。その計画を実現するために、会社の仕組みをつくるということになります。

何ごとも終わりを決めて始めることが大切です。経営者がどういう人生を生きたいかを決めることで、どういう会社をつくるべきかが決まり、どういう会社をつくるかを決めることで、どういう仕組みが必要かが決まります。

秦の始皇帝がつくった国は、なぜ短命で終わったか？

「仕組み化するために、ルールづくり、マニュアルづくりすればいいんでしょう。そこに自分の人生観とかも関係ないでしょう」と考える方もいらっしゃるかもしれません。しかし、そうではないのです。これは歴史が証明しています。

秦の始皇帝は、漫画『キングダム』で良く知られるようになりました。秦の始皇帝は、周辺国を統一したのち、法律による統治を目指しました（法治主義）。それまでは国をつくる際には、国王の個人的な人格や人徳、儒教的な考え方が重視されていました（徳治主義）。しかし、この方法だと国がその人に依存してしまうことが問題でした。

法治主義は、社長に依存しない会社の運営方法に近い考え方です。これは理にかなった考え方のようにも思えますが、実際には秦の国はどうなったかというと、法治主義を導入した結果、わずか3代、15年で崩壊してしまったのです。2代目の皇帝は未熟で、3代目の皇帝になってすぐに国は崩壊しました。

■法治主義（仕組み主義）が失敗した理由

この崩壊の理由は、秦の始皇帝が制定した法律が非常に厳格だったことが挙げられます。処罰も厳しく、平民からの反発が高まり、ついには東洋初とも言われる百姓一揆が起こりました。それを契機として「項羽と劉邦」の時代になり、短期間で滅亡しました。

法治主義自体は悪い考え方ではありませんが、問題は法律を制定する人物にあります。その人物の人格や人徳によってつくられる法律が決まるのです。法をつくる人物の品格が低ければ、法律や会社の仕組みも崩れてしまい、社員の反発や辞職、仕組みの形骸化などが起こる可能性があります。

ちなみに秦の始皇帝がつくった法律のもととなったのが、法家の商鞅という人物です。そして、その商鞅自身も自らがつくった法によって裁かれ、刑に処されました。

■良い仕組みはどこから生まれるか？

秦の始皇帝の失敗から学べることは、良い仕組みをつくるためには良い人格が欠かせないということです。リーダーが社員と顧客のために考えた仕組みをつくると、みんながそれに納得し、その仕組みに従って協力することができます。それが、良い会社を築くためのカギなのです。日本ではよく「会社は社長の器以上には大きくならない」と言われることがありますが、これが根本的な理由なのです。

リーダーの人格によってつくられる仕組みが、社員の行動を決定し、その結果として会社の成果や状態が決まります。秦の始皇帝はこの考え方を持っておらず、法律だけで縛ればいいと考えてしまいました。彼は法治主義を推進するために焚書坑儒（書物を焼き、儒学者を殺戮する行為）を行いましたが、これによって良い結果は得られず、国は崩壊に向かいました。

良い仕組みがあれば、良い会社が生まれ、良い社会が築かれます。そして、良い仕組みをつくるためには良い人格が不可欠です。良い人格を持ったリーダーが、仕組みをつくる

図表9　人生の目的（志）から仕組みをつくる

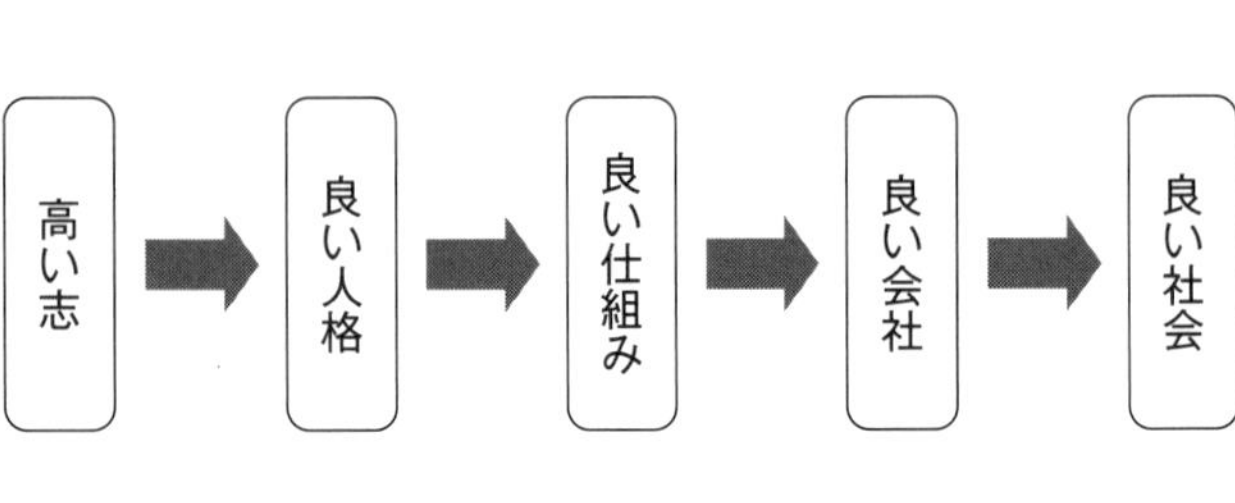

ことで良い結果が生まれるのです。

良い人格は、人生の目的（高い志）から生まれてきます。リーダーが実現したい目的があると謙虚になります。高い志を達成するためには、人の意見を聞いたり、勉強したりする謙虚さが必要です。そして、そのような謙虚さがあると、人格が磨かれていき、良い仕組みが生まれるという因果関係になります。

経営者が志を立てて人生を設計する。それで初めて人格が高まっていき、良い仕組みができていくということになります。

人生観の確立が生産性の向上を実現する

この点は極めて重要なので、もう少しお伝えしたいと思います。経営者の人徳が向上すれば、それに伴って、徳のある社員が集まり、育つようになります（徳は孤ならず）。そうなると、会社の生産性は向上します。

なぜそうなるのか、例を挙げてみましょう。たとえば、道端にゴミを捨ててはいけないというのは日本人が持つ共通の道徳心です。もしこの道徳心がないとどうなるか。道端にゴミが散乱します。そうなると国や自治体としては、ゴミを清掃する人を雇い、町中に車を走らせる必要があります。これらは当然税金で賄われ、それだけ国や自治体の財政は圧迫されます。

さらに人や車を管理するための仕組みや管理者も必要になり、大きなコストになるでしょう。もし皆が道徳心を持ち、ゴミを道端に捨てなければ、これらのコストや労力はまったく不要なのです。

会社でもこれと同じことが言えます。

社員同士がお互いを思いやり、協力し合えば、コミュニケーションがスムーズになり、ムダなトラブルや対立が減少します。そうすれば、管理者による調整の手間が減り、生産性が上がります。

社員１人ひとりが正直で誠実に業務に取り組めば、上司の厳しい監視が不要になり、生産性の低下を防げます。逆に不誠実な社員が多ければ、チェック体制を強化し、管理コストがかさむでしょう。

社員が規律を守り、時間をムダにしなければ生産性は自然と向上します。しかし、規律が欠如していれば、遅刻や私的な雑談などのムダが生じ、生産性が低下します。

社員が常に自己研鑽に努め、能力開発を怠らなければ、高い付加価値を生み出せます。しかし、学ぶ姿勢がなければスキルが陳腐化し、付加価値が下がってしまいます。

このように、高い人格と規範意識を持った社員が多ければ、余計なルールや仕組み、管理などは不要になり、高い生産性を実現できます。そうするためには、経営者が高い志を持ち、価値観を明確にすることがはじめの一歩になります。

「その人が死んだとき、いったい何の途上であったのか、多分、そのことが重要なのだと思います」

N・E・オデル『神々の山嶺』より

仕組み化のためのエクササイズ 1

あなたの人生の目的

- あなたに与えられた才能や環境を生かすための役割とは何だと思いますか？
- あなたが生まれる前と、死んだあとでは、世の中はどう変わったと言えますか？
- 100年後、あなたが生きた証がこの世に残っているとすれば、それは何ですか？

あなたの価値観（3—10個の言葉で）

- 過去の重要な決断や分岐点を振り返ってください。なぜそのような決断をしましたか？
- あなたの仲の良い友人や尊敬する人物が持っているであろう価値観を挙げてみてください。
- 親から教えられて、いまでも大事だと考えていることは何ですか？

あなたの計画

仕事内容、会社での立場、住居、ライフスタイルなどについて、ロードマップを描いてみてください。

ステップ② 理念体系を整理する

次に、経営リーダーの人生観と合致する会社の理念体系を明文化します。理念体系とは、

・我々はどこから来たのか
・我々は何者か
・我々はどこへ行くのか

を明確化したものです。会社は設立した段階では機械的な存在にすぎません。経営リーダーが自分の人生観を持ち込み、理念体系が明確になることでそれ自体が生命体のように自律進化していくものになります。

そのような会社をつくるためには、会社を自分とは独立したものとみなす視点が求められます。言ってみれば、会社は経営リーダーの子供のようなものです。子供は親とは別人

格ですが、親のＤＮＡを受け継いでおり、成長し、自立したとしてもどこかで親の影響を受けています。

子供は最初、親に完全に依存した状態でしか育ちません。しかしだんだん成長してくると、自我が目覚め、青年期には自分の人生の目的や目標を考えるようになります。そして成熟期には自分自身の生き方を確立していきます。

それと同じように、組織は成長するにしたがって、それ自体が存在する目的を見いだすようになります。子供がまだ赤子であれば、必要な支援を提供しなければ生きていけないのと同じように、会社が小さいときには経営リーダーがＤＮＡを組織に吹き込むことを怠ってはいけません。

逆に子供が成人しているのに親が子離れできなければ、自立することができないのと同じように、組織が大きくなったにもかかわらず、自分がいつまでもすべてをコントロールしようとすることも会社の自立的な運営を妨げることになるでしょう。

会社の理念を明文化し、それを共有するということは、まっさらな子供の心に生きていくための目的や指針を与え、青年期へと導くようなものです。そして、それを行うには、前ステップで行った、親であるあなたの人生観が明確であることが必要なのです。

■理念体系とは何か？

世の中の企業サイトを見ると、たいてい、さまざまな〝理念らしきもの〟が並んでいます。企業理念、経営理念、クレド、社是、社訓、経営方針、行動基準などなどです。会社ごとに項目も違うので、いったいこれらの違いは何なのか？　と思われることも多いでしょう。

これらの各項目は一応、それぞれの定義はあるようですが、一般にはその違いは曖昧で、会社ごとに独自に決めていると言っていいでしょう。ちなみに私が昔所属していた会社では、経営理念や社是や社訓など、〝理念らしきもの〟がたくさん掲げられており、頻繁に唱和していました。ただ、私も含め、ほとんどの社員はそれら各項目の違いを理解していませんでした。だから何遍唱和したところでまったく頭に入りませんし、行動も伴ってきません。

たとえば、飲食店を経営しているとして、「私たちの経営理念は、おいしい料理と心地よいサービスで、お客様に幸せな時間を提供する」、「私たちのビジョンは、感動の食体験をお届けし、地域の平和に貢献する」となっているとします。

この場合、経営理念とビジョンが非常に似通っています。おそらく、経営理念とビジョンの違いが、つくった本人である社長にもわかっていないのです。

大切なのは、〝自社なりの理念体系〟を決めることです。自社の理念はこれだ、というように社内で統一されていればいいのです。社長はもちろんのこと、社員全員が各項目の定義とその内容を理解してさえいれば、他社との違いを気にする必要はありません。

理念体系は一般にはミッション、ビジョン、バリューというセットでつくることが多いです。ただ、私がお勧めするのは、

- **我々はどこから来たのか（創業理念）**
- **我々は何者か（ドリーム、コアバリュー）**
- **我々はどこへ行くのか（ビジョン）**

というまとめ方です。創業理念を付加し、ミッションの代わりにドリームという言葉を使っています。

■大切にすべきは創業理念

創業理念はその名の通り、創業時の想いです。創業理念を語り継ぐことは、会社が方向

図表10　理念体系をセットでつくる

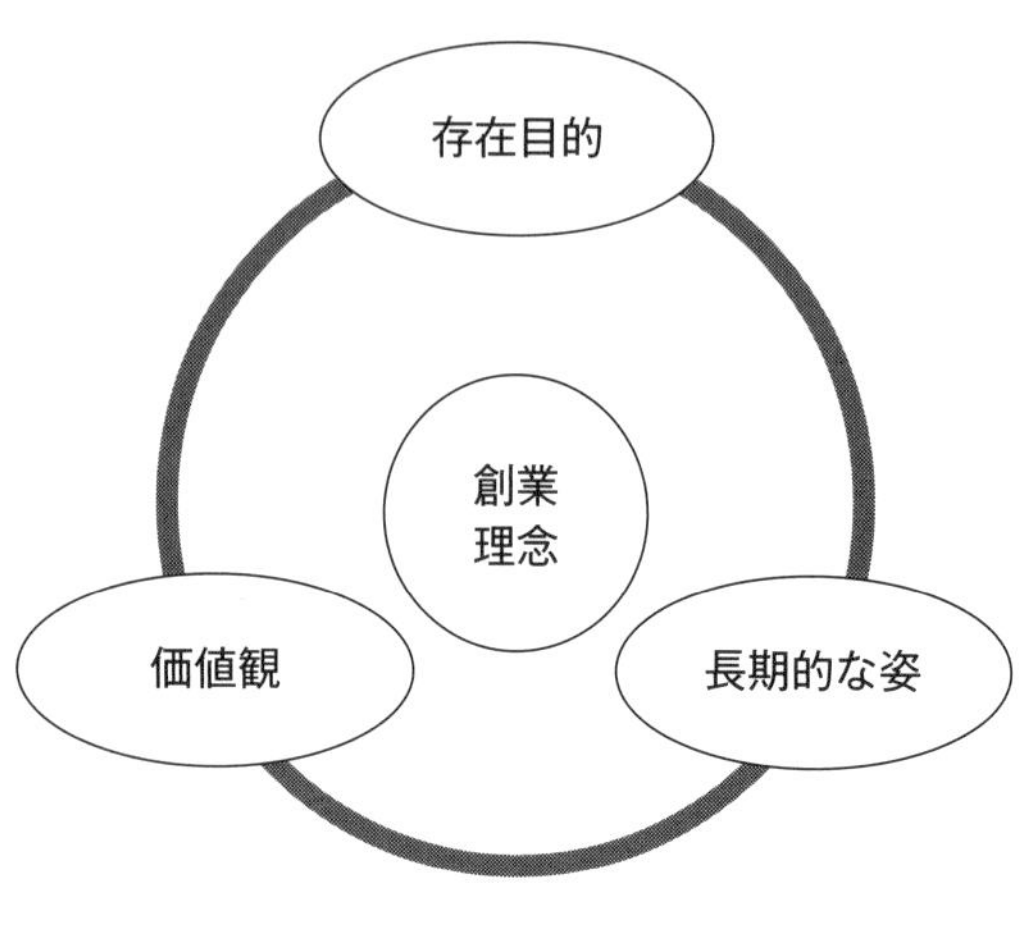

性を大きく間違わないために大切です。あなたが創業者あれば、創業時の想いをいまから残しておきましょう。

また、後継者であれば記憶をたどりながら、会社の倉庫から創業時の文書や品物、家訓などを引っ張り出してきましょう。それらはあなたの会社の大きな武器になります。人は歴史あるものに自然と価値を感じ、信頼感を覚えます。それが結果として販売にもつながります。自社の歴史を語り継ぐことが未来の繁栄にもつながるのです。

創業理念とは、創業者が、〝このような考え方でやったら失敗した、成功した〟という体験談を残したものであることが多いです。とくに江戸時代から続くような会社にある家訓は後世への戒めとして残されてきたとされています。

創業理念を大事にしていることで有名なのはトヨタです。創業者豊田佐吉の考え方を、豊田利三郎、豊田喜一郎が中心となって整理し、成文化したものが豊田綱領として残されています。そして、いまでもトヨタの理念体系の一番上位概念として位置付けられています。

また、ＮＩＤＥＣ（日本電産）の本社ビル1階には創業時のプレハブ小屋が復元されています。これは創業時の想いを忘れないためだとされています。自然環境保護のために事業を行っているパタゴニアも、本社の横に創業時のガレージが遺されています。社員の方に聞いたところ、これも創業時の想いを残すためだそうです。

■創業理念はストーリーとともに残す

創業理念は創業時のストーリーと一緒に残しておくと印象に残りやすくなります。ストーリーは事実をエンターテイメントにする力があります。ただ単に、わが社の創業者の想いはこうだったというよりも、〝この商品はこのようなきっかけがあり、こういった苦労があって生まれたんだよ。この体験から、このような教訓が生まれたんだ〟と伝えたほうが頭に残りやすいのです。

仕組み化のためのエクササイズ２

創業理念／ストーリー

以下の質問に答えることで、創業ストーリーの骨子になります。また、そこから創業理念も浮かび上がります。

- 創業前は何をしていましたか？
- 創業のきっかけは何ですか？
- 何を実現しようとしましたか？
- 大きなリスクをとったことは何ですか？
- 最大のピンチは何でしたか？
- どう乗り越えましたか？
- ピンチを乗り越えて得られたことは何ですか？

事業が一気に成長する「ドリーム（利他的な夢）」

ドリームというと、アメリカンドリーム的な一攫千金や、大言壮語（たいげんそうご）な空想と思われるかもしれませんが、そうではありません。マイケル・Ｅ・ガーバー氏は、「起業家的な経営リーダーが描くべき夢とは、パーソナル（個人的なもの）ではなく、インパーソナル（他の誰かのためのもの）である」と教えてくれました。日本的に言えば、利他的な夢のことです。

経営リーダーがインパーソナルな夢を発見したときに強烈な使命感を感じる瞬間が訪れ、それを契機として事業が一気に成長していきます。

理屈を言う前にとある会社の例を見てみましょう。

その創業者は、３人で中小企業向けＣＲＭ（顧客管理）システムの会社を立ち上げました。起業当初３年間は非常に厳しい状況でしたが、何とか軌道に乗りました。当初は売上が10億円を超えたら会社を売却する予定でした。しかし、２００７年にマイケル・Ｅ・ガーバー氏と出会ったことで考え方が大きく変わりました。

ガーバー氏から「なぜそのビジネスをしているのか」「本当の目的は何か」と問われ、単に金儲けだけが目的ではないことに気づかされました。その後、会社を売却するのではなく、「スモールビジネス発展のための革命を起こす」という夢を立て直しました。

明確な夢とビジョン、情熱を持つことで、それ以降、5年で年商は12倍になり、社員数も当時15名だったのが1000人を超えました。

この会社はKEAPという名前で、現在では年商が優に100億円を超えています。

2013年7月、私は同社を訪問し、共同創業者クレート・マスク氏から以下のような話をしてもらいました。

「マイケルが教えてくれたことは3つあります。1つ目は、ビジネスには何のためにやっているのかという〝意味〟が必要だということ。2つ目は、ビジョンの本当の意味を教えてくれたこと。会社を売却することは、本当のビジョンではありませんでした。3つ目は、私たちでもやれるんだと確信させてくれたことです。

彼は私にこう言いました。

『もし、あなたがこれをやらなかったら、ほかに誰がやるんだ?』

偉大なことを成し遂げた人たちは、全員、その偉大なことを人生で初めて成し遂げたのです。だから私たちでも偉大なことを成し遂げられるのです」

ちなみに、経営の神様と言われる松下幸之助氏、稲盛和夫氏も利他的な夢に目覚めたことで会社が飛躍し始めたことが知られています。

昭和7年、松下幸之助氏は、ある宗教団体を訪れた際、信者たちが喜びに満ちた表情で奉仕する姿を目の当たりにしました。この光景を目にした松下氏は、自社を振り返り、単に電気製品をつくるだけでは不十分であると考えました。

物資を水道のように豊富にし、人々を貧困から救うことこそが、実業家としての自らの夢であり〝聖なる事業〟であると悟ったのです。真の使命を自覚した松下氏は、実際の創業から14年経った同年を、真の創業記念年「命知元年」に定めました。

そして250年かけて物資を無尽蔵に供給し、楽土を建設するという壮大な計画を立てました。同年5月、松下電器第1回創業記念式典を開催し、「必需品を豊富にし、生活を改善すること」が事業の目的であると宣言。式典では、従業員一同が興奮し、熱心に意見を述べる光景があったと伝えられています。

稲盛氏は、創業間もない頃に社員から〝給与を保証してほしい〟という突き上げに合います。そして、彼らと話すうち、何のために事業を行っているのかを真剣に考えなければいけないと感じたのです。

当時の稲盛氏は、自分の技術者としての力を世に問いたいという、どちらかというとパーソナル（利己的）な夢で経営していました。失礼ながらこれは、先述した〝職人型経営〟を行っている社長の創業動機そのものです。その結果、社員とのトラブルが起こったのです。

その事件をきっかけとして、京セラの理念である「全従業員の物心両面の幸福を追求すると同時に、人類、社会の進歩発展に貢献すること」が生まれ、会社が飛躍していきました。

インパーソナルな夢についてもう少し説明しておきましょう。

●夢とは顧客の夢

利他的な夢と書きましたが、具体的に言えば、顧客の夢のことです。顧客のためになることとは何か？　を考え、それを事業の中核的な目的にするのです。言い換えれば、夢とは、あなたの会社が世界で最も成功したビジネスになったと仮定したとき、そこにやってくる人々（顧客）とあなたが交わす約束です。

●顧客と一体化した夢

利他的な夢には2つの誤解があります。まず、ほかの誰かのための夢というと、ボランティア精神で経営をしなくてはいけないのか？　と思われるかもしれませんが、そうではありません。

たとえば、高い品質の商品を安い値段で売れば、顧客は喜ぶかもしれませんが、会社の利益率は下がり、社員とその家族に悪影響が出るかもしれません。これは顧客のために社員を犠牲にしていることになります。逆に高い値段であっても、他社よりも品質が良いのであれば、顧客が安物買いの銭失いをしないように、自社の商品を勧めてあげることが善となります。

また、誰かのために役立つことをすれば、それがめぐりめぐって、あとから自分の利益になると考えるかもしれませんが、それも少し違います。たしかに因果の法則で、他人に手を差し出せば、あとから自分も救われるということもあるかもしれません。ただ、これは利己心のために利他心を装っていることになります。目指すべきは、ほかの人のために仕事し、彼らの夢を実現することが自分にとっても夢となる状態です。

何か良いことをしたとしても、その裏で〝もっと自分を褒めてほしい〟〝もっと自分に感謝してほしい〟といったような心があれば、それは自分だけが知っている裏の心（偽の心）となります。自分だけが知っている裏の心をなるべく捨てていかなければ、いずれそれが表に出て、利己心丸出しの人物になってしまいます。

大切なことは、顧客の人生や会社のステージを高めるために、仕事を洗練させることです。それによって、顧客が真の変化を得るのを見たとき、顧客の夢を追求することが自分にとっての夢となるはずです。

マイケル・E・ガーバー氏は、この状態を発見できたときに起業家精神が目覚めると表現しています。仏教用語では、これを自利利他円満と言います。自利利他円満とは、利他的行いをすれば自分にも利益が返ってくるということではなく、利他的行い＝自分の利益だと考えることです。

「起業家は当初、心で描いた通り顧客とビジネスが本当に一体化したときに喜びを見いだす。発明したビジネスが世の中にとって重要であればあるほど、成功の継続がより簡単になるのである」

マイケル・E・ガーバー

●顧客のためになるものである

顧客の夢といったとき、1つ注意があります。それは、顧客が短絡的に求めるものと顧客のためになるものは大きく異なるということです。顧客が短絡的に求めるものには、最終的に顧客に害を与えるものもあります。

たとえば、量販店で売っている子供向けのお菓子はどうでしょうか。たしかにそれは子供が欲するものであり、それを与えておけば子供が静かになるので親が求めるものかもしれません。しかしながら、そういったお菓子には得てして多くの添加物が含まれています。それを提供し続けることが顧客のためになるとは限らないのです。

一方の顧客のためになるものとは、顧客の人生の質を上げるものです。顧客の恐怖と願望を刺激すれば販売するのは容易かもしれません。しかしこれは、旧来型の会社が行う行為です。新しい時代の会社は崇高な目的を持っています。崇高な目的とは、顧客の購買意欲を刺激することではなく、彼らが現在いるところから、行ける可能性があるところまで引き上げることです。

ちなみに私たちの仕組み経営のドリームは、「仕組み化で中小・成長企業に関わる人々の創造力と可能性を引き出し、世界を持続成長させる」としています。

私たちはすべての人に起業家的な創造力と可能性が秘められていると信じており、それを引き出すことで本人の人生も世の中も良くなると確信しています。

●オリジナルである

夢はあなたの信念や価値観に基づいています。したがって、夢はオリジナルであり、そこから生まれる事業もオリジナルとなり、差別化されたものになります。ですから先に経営リーダーの人生の目的と価値観を明確にしたのです。

たとえば、マクドナルドがまだ1店舗だった頃、そこに足を踏み入れた人はたくさんいましたが、チャンスを見いだしたのはレイクロック（現マクドナルドの実質的創業者）だけでした。また、バングラディッシュが大洪水に見舞われた人々を見た人はたくさんいましたが、被害を被った女性の貧困層に正当な利子で融資することが大事だという考えに至ったのはユヌス（グラミン銀行創設者）だけでした。

顧客が欲しがるものは明白であり、差別化になりません。しかし、何が顧客のためになるのかは、その人独自の価値観や使命感によって決まります。そこから独自の事業が生まれます。

「新しいベンチャーの創造、すなわち、新しい生命を生み出すための旅。それは、たった1人、あなたにとってのみ、重みを持つものになる。だから、あなたが真のアントレプレナーシップに目覚めたとき、あなただけがそれを実践することができるのだ」

マイケル・E・ガーバー

●ただ1つである

素晴らしい会社をつくった経営リーダーは、自分たちにとって重要性を持つ、唯一つの夢を追求することに喜びを見いだしています。彼らはやることが分散し、自分が本来、成し遂げられるかもしれなかったことを成し遂げられないことを恐れます。

だから1つの夢を選ぶことが大事なのです。かつてガーバー氏の講義に参加したときの話です。ガーバー氏の講義が始まり、受講生に対して、〝あなた方の起業家としての夢やビジョンとは何か?〟を問い始めました。そこで1人の男性が発言をしました。

「私は弁護士の資格を持っていて、会社を5社やっています。どの会社のビジョンを言えばいいでしょうか?」

この質問からガーバー氏とのやり取りが始まりました。以下にそのやり取りの抜粋を紹介させていただきます。

ガーバー「なぜ5社もやっているのですか？　1つにしてください」

男性　「全部そこそこ順調なのです。サプリメント販売は昨年と比べて5％伸びました」

ガーバー「サプリメント販売の業界全体の成長率はどれくらいですか？」

男性　「10％くらいだと思います」

ガーバー「ということは、あなたのビジネスは成長しているのではなく、相対的に衰退していますね」

男性　「そうかもしれません。でも、どのビジネスもほとんど時間は使っていないのでうまく回っていると思います」

ガーバー「時間は使っていなくても、頭のどこかでは無意識にそのビジネスのことが気になっているはずです。そのせいであなたは、1つのことに集中できていません。起業家は1つの夢だけを追求しなくてはいけません。あなたは5社もやっていて、それができていません。集中できていないために、本来あなたが成し遂げられるかもしれなかったことを成し遂げられていないのです。だから1つ選んでください」

こんなやり取りでした。だいぶ強引な誘導ではありましたが、結局その男性は講座中に会社を1つに絞り、ほかのビジネスは辞めることにしたのです。実際のところ、本気で追求すべき夢やビジョンを持っている人は、ほかのことをやっている暇がありません。儲かりそうだからと、あれこれの事業に手を出しているということは、まだ本気で追及すべき夢に出会えていないことを意味します。

あなたが利他的な夢を発見しているかどうかのチェックリスト、ならびに夢を発見するための質問を挙げておきます。これらの質問を常に頭に置きながら仕事に取り組みましょう。そして、顧客の夢を実現するための仕組みをつくりましょう。

仕組み化のためのエクササイズ3

利他的な夢を見つけているかどうかのチェックリスト

□顧客が喜ぶと自分もうれしい（自利利他円満）。

□点がつながった感じがする。

□これをやり遂げるまで死ねないと思う。
□これは自分にしかできないと思う（才能や環境、経験を生かせる）。
□もう時間をムダにしたくないと本気で思う。
□これをやるようにと選ばれた気がする。
□他社で同じような夢を持って経営している会社はないと思う。
□これをやり遂げることで、自分も関係者も豊かになると思う。

インパーソナルな夢を見つけるためのいくつかの質問

- 顧客の夢は何ですか？
- 顧客のためになることは何ですか？
- あなたの価値観と照らして、許しがたいことは何ですか？
- あなたの会社は、誰を何から解放するのでしょうか？
- 顧客のための権利章典を制定してください。彼らが本来得られるべきなのに得られていないことは何ですか？

ドリームを実現するために必要な「ビジョン（会社の最終的な姿）」

ビジョンとは、ドリームを実現するために、最終的にどういう会社であらねばならないか？　を明確にしたものです。

ここで大事な考え方があります。起業家的な経営リーダーにとって、会社それ自体が商品であるという発想です。スティーブ・ジョブズの最大の功績は〝アップルという会社〟をつくり上げたことだと思います。ホンダ創業者、本田宗一郎氏などにも同じことが言えます。本田宗一郎氏は、多くの商品を生み出し続けました。それはもちろん素晴らしい作品だったと思いますが、彼の最高の功績は、彼がいなくなったあとも成長し続ける〝ホンダ〟という会社そのものだったのです。

あなたが会社から去っても会社が成長し続ける仕組みをつくることこそが、あなたが残せる最も大きな功績です。

会社そのものを商品と考えたとき、それはいつか完成しなくてはなりません。その完成形を心に抱いて、日々の仕事に当たるのです。もちろん、会社は永続が前提なので、完成後も変化し続けるでしょう。ただ、少なくとも現時点において自社は最終的にこうなるというイメージをありありと描くことが大切なのです。

もともとビジョンとは目で物を見る能力のことです。あたかもそれが実現したかのように自社の最終的な姿を見ること、それがビジョンを描くということです。

『はじめの一歩を踏み出そう』のなかにＩＢＭの話が出てきます。

ＩＢＭがいまのような会社になったのには、３つの特別な理由がある。

１つ目は最初から、私たちの会社は最終的にどんな会社になるのか、という明確な青写真を持っていたこと。２つ目は、そんな会社であるならば、どんなふうに行動すべきかを自問自答していたこと。３つ目は、最初からすでに思い描いた会社になっているかのように振る舞っていたことだ。

ここでいう青写真がビジョンのことです。ＩＢＭはビジョンを描き、それが実現したかのような仕組みをつくり、その仕組みに基づいて行動していったということです。

■あなたの会社は1万倍になる

ビジョンを描くために、ぜひ取り入れていただきたい考え方が「１万倍のビジョン」です。マイケル・E・ガーバー氏によれば、ビジネスは、正しく運営されていれば、いまのサイズの1万倍に成長することができます。あなたがいまの1万倍のお店、オフィス、またはあなたが持っているものが1万倍になると本気で信じたら、あなたは何をするでしょうか。

あなたはまだ、自分が経営している会社の素晴らしさに気がついていません。あなたがそれに気がつくのは、社員や協力者のうちに秘めた能力を解放し、普通の人でも素晴らしい結果を残せる仕組みをつくり、自分のビジネスが世界中に広がっている姿を見たときです。

ドリームでは顧客の夢を考えました。いっぽうで「1人の顧客ではなく、会社の社会的使命も大事ではないか？」と思われたかもしれません。そのためにパーパスという言葉を使って、自社の社会的使命を明確にしようという方もいるかもしれません。そのような疑問に対する答えが、1万倍のビジョンです。

あなたの事業が1万倍に成長すると仮定すれば、顧客数も1万倍になり、彼ら自体が〝社会〟そのものとなります。すなわち、1人の顧客のためになるものを提供し、その顧客が何億人、何十億人と広がっていくと想定すれば、「顧客のため＝社会」のためとなります。

「世界を変革しよう。一度に1人の人を。一度に1つの地域を。一度に1つの国を」

マイケル・E・ガーバー

■起業家的なリーダーの役目

1万倍のビジョンに対して、〝いえ、私は会社をそんなに大きくしたいとは思っていません。豊かなライフスタイルが送れれば十分です〟

そういう人もいるかもしれません。しかし、あなたがビジネスを指数関数的に成長させ、1万倍の人々に同じようなサービスを提供できるのなら、なぜそうしないのでしょうか？

彼らは皆、問題を抱えています。彼らは皆ニーズがあります。なぜあなたは彼らに貢献することを拒むのでしょうか。

ガーバー氏は、次のような例えで起業家精神を持つリーダーの役割を説明しています。

この世に飲料水が限られた量しかないとしましょう。しかし、あなたは飲めない水を飲めるようにする方法を見つけた。

あなたはその方法を秘密にしておきますか？

それともみんなに教えてあげますか？

もちろん、みんなに教えるでしょう。

教えてあげたときのみんなの喜びとあなたに対する感謝は、かつてあなたが経験したことのないものになります。人々はあなたのところに列を成し、あなた1人では対処できなくなります。

すべてのビジネスに同じことが言えます。

会社を大きくはしたくない、自分が生活できれば良いという人は、飲み水をつくる方法を見つけて、それを自分で飲んでいるだけです。彼らの人生はそれ以上豊かなものにはならないでしょう。

起業家の仕事とは、飲み水を見つけ、それを世界に広げる仕組みをつくることです。もし、あなたが本当に顧客の役に立つ商品やサービスを提供しているという自負があるならば、可能な限り多くの人に提供したいと思うはずです。

もしあなたが世の中の問題に気づいて起業するならば、もしあなたが既存のサービスや商品で満たされていない人たちがいることに気づいて起業するならば、もしあなたのお客さんがあなたの商品やサービスに喜んでくれているならば、見知らぬ場所で、見知らぬ人が、あなたのことを待っていると思うのならば、あなたが四六時中考えていなくてはならない質問は次の通りです。

どうすれば、いま提供していることを、2倍でもなく、3倍でもなく、100倍、1000倍、1万倍の人に届けることができるでしょうか?

■ビジョンが明確になればつくるべき仕組みが明確になる

卓越した顧客サービスで有名なサウスウェスト航空は、〝低コストキャリア〟というビジョンを実現するための仕組みをつくりました。その仕組みは業界では非常識と思われる仕組みでした。たとえば、次のような仕組みです。

- 所有する飛行機体を1種類に絞り、メンテナンスや部品在庫などのコストを削減した。
- 「ハブアンドスポーク」式ではなく、「ポイントトゥポイント」式を採用した。
- 機内サービスを最小限にした。
- 複雑な運賃体系をシンプルな仕組みにした。

・F1のピットクルーを参考に、超高速な整備&燃料補給の仕組みを整えた。

これらの仕組みは、積み上げ式でつくったものではありません。〝自分たちがつくり上げたい航空会社〟というビジョンに向けて必要な仕組みをつくり上げたのです。

だから仕組み化にビジョンが必要なのです。もちろん、今日より明日を良くするという、積み上げ式の改善も必要です。しかし、それも目指すべきビジョンがあるからできるのです。現在地点で満足していれば、改善など必要ないわけですからね。

ビジョンを考えるために以下の質問について考えてみてください。

仕組み化のためのエクササイズ 4

「1万倍のビジョン」を描くための質問

・(あなたの社名) は○○年に、○○になる。○○を埋めてください。
・1万倍にするために、何をしなければならないでしょうか。
・会社のすべての活動が1万回、同じように繰り返されるにはどうしたらよいでしょうか。

- あなたと同じ経験、能力を持っていない人たちによって、1万倍の成果を出すにはどうしたら良いでしょうか。
- 1万倍を妨げているものは何でしょうか。
- 自分が関わっている仕事、業界、世界で、最も大きな機会は何でしょうか。

組織の核となる価値観「コアバリュー」

コアバリューとは、組織の核となる価値観のことを指します。経営や日々の仕事、または人生における意思決定と行動の指針になります。いくらいい戦略や仕組みをつくっても、文化が崩れていれば、それは実行されないとされています。コアバリューを定めることは、良好な組織文化をつくっていく最初のステップになります。

コアバリューを定める理由やメリットは何でしょうか？　以下に見ていきましょう。

●自己管理型組織をつくることができる

コアバリューが共有されている組織では、あれこれ社員に細かい指示をしなくてもうまく回る組織ができます。上司部下、社員同士の余計なコミュニケーションコストが削減され、生産性向上につながります。

たとえば、〝家族〟という組織を考えてみましょう。家族は長年、一緒に暮らすことで似たような価値観が醸成されています。つまり、家族という組織はコアバリューが共有されている状態であることが多いです。

そのため、「ソレ取って」や「アレ、どこだったっけ？」などのような曖昧なやり取りでもコミュニケーションが成り立ちます。いっぽう、そこに1人でも部外者が入ってくると、〝アレ〟や〝ソレ〟では伝わらず、正確に名前を言う必要があります。

社内のコミュニケーションも同じようなものです。コアバリューが共有されていれば、細かいやり取りをしなくても、阿吽（あうん）の呼吸で仕事が進んでいきます。逆にコアバリューが共有されていなければ、〝アレ〟がいったい何なのかを細かくマニュアルで指図しないと仕事が回らないのです。

●監視不要で回る組織になる

自分がお客様に接しているのと同じように、社員にもお客様に接してほしいと思っている方は多いでしょう。コアバリューを基に運営されている会社ではそれが可能になり、最終的な姿としては経営リーダーの〝監視不要〟で組織が動くことを目指します。

社内のみんなが同じ価値観に基づいて活動していればしているほど、細かいマニュアルやルールで社員の行動を規定する必要がなくなります。たとえば、靴の通販で有名なザッポス社のコールセンターには、トークスクリプト（電話対応の原稿）はありません。これはコアバリューに基づく経営がしっかりと行われているからです。そのため、誰が対応しても、電話をかけてきたお客様に同じような感情を与えることができます。スターバックスの接客がマニュアル的に感じられないのも同じ理由だと言えるでしょう。

ただし、これは彼らの社内にマニュアルがまったく存在しないということではありません。むしろ、そのほかのことについては、ほかの企業よりも圧倒的にしっかりとしたマニュアルと教育制度があります。

●意思決定の基準ができる

コアバリューはあらゆる決めごとの基準となります。つまり、これとあれ、どっちをやろうかな？　と思ったときの全社員にとっての基準がコアバリューです。言ってみれば、全社員（社長も含む）にとっての上司がコアバリューになるのです。

逆に言えば、コアバリューに沿っていない意思決定は社員や顧客から支持されず、組織が崩壊していく要因にもなりますので注意が必要です。

●永続する組織文化をつくる

ディズニーはウォルト・ディズニーがいなくなったあとに、〝ディズニーらしさ〟を失いましたか？　アップルは？　ソニーは？　ホンダは？　世の中に優秀なリーダーがつくった優れた組織はたくさんありますが、その大半は、彼らが組織を去ってしまうと平凡な組織になってしまいます。いっぽう、本当に偉大なリーダーは、永続する文化を組織に残すため、彼らが去っても偉大な組織であり続けます。そして、永続する文化の元になるのが、コアバリューです。

●採用の基準になる

コアバリューが明文化されていることで、会社の文化に合う人を採用できます。とくに中小・成長企業の場合、採用の際に第一に優先すべきは能力や学歴、知識ではありません。その人が自社の価値観、つまり、コアバリューを共有できる人かどうかが第一です。

能力や知識は入社後にも身につけてもらうことができますが、その人の価値観は変えるのが非常に難しいのです。そのため、採用時点で、コアバリューを共有できる人かどうかを見極める必要があります。これはカルチャーフィット採用と呼ばれています。

●評価の基準になる

いったい何を基準に社員を評価すればいいのかと悩んでいる社長は多いことでしょう。いわゆる評価基準です。一般にはコンピテンシーや情意評価などが採用されていますが、自社らしい文化をつくり、持続成長する会社をつくるにはそれでは不十分です。

そこでコアバリューが評価の基準になります。コアバリューを定めることで、それが評価の基準となり、業績向上と企業文化の醸成を両立できます。

■コアバリューのフォーマット

コアバリューは、「項目」「定義」「行動」でワンセット、それが「3−7セット」で成り立ちます。

項目：誠実
定義：裏表のない人間関係（ビジネスフレンドシップ）

行動：
- 人の陰口をたたかないこと。
- すべての利害関係者に対して等しく感謝と透明性をもって対応すること。
- すべての利害関係者と単なるお金と対価の取引を超えた関係性（ビジネスフレンドシップ）を築くこと。また、そうなれる関係者とだけ付き合うこと。

といった感じです。これがワンセットで、3-7セット設定します。定義を入れる理由は、項目に対する理解が人それぞれ異なるからです。また、行動はそのコアバリューを体現した行動例です。

■コアバリューのつくり方

コアバリューは、その内容そのものと同じくらい、つくり方のプロセスが大事です。ドリームやビジョンは、どちらかというと経営リーダーの個人的なインスピレーションによって生まれることが多いのですが、コアバリューは1人でつくるものではなく、社員を巻き込んでつくり上げたほうがうまくいきます。

ただし、コアバリューのつくり方には、決まった方法はありません。社内の人数や状況に大きく左右されます。私たちもクライアント企業のコアバリュー策定を支援する場合には、社内の状況をお伺いしたうえで、慎重に進めることにしています。

ただ、原則的なステップは存在します。

以下にご紹介しますのでぜひご参考にしてください。

1．あなた個人の価値観（個人のコアバリュー）を明確化する

事業とはその経営リーダーの人生の反映です。コアバリューに関しては、それがとくに当てはまります。会社のコアバリューは、何よりまず経営リーダーの個人的な価値観に基づいている必要があります。なので、最初のステップは、あなたが自分としっかりと向き合い、自分の人生で大切にしているものは何かを言葉にすることです。これについては前のステップでも行いましたね。

2．それぞれの項目の定義をする

たとえば、〝一貫性〟といったとき、それはいったい何を意味するのか？　自分のなかでの定義を明確にし、文章にします。

３．行動を振り返る

次に、それをすぐに社内に告知するのではなく、それがどのように自分の人間関係、仕事、ビジョンに反映されているのかを振り返ってみます。つまり、本当に自分はその価値観で生きているのかを評価します。

４．個人の価値観から会社の価値観へ

ここからのやり方は会社の規模にもよりますが、基本的に、カギとなる社員や幹部社員には、あなたと同じようにやってもらい、彼らの個人的な価値観を明確にします。そして、彼らと話し合い、最終的に会社のコアバリューを定義していきます。

ここで大切な考え方があります。それはコアバリューはつくるものではなく、発見するものだということです。そもそも価値観というのは、人間が誰しも持っているものです。それはこれまで生きてきた歴史によって形づくられます。あなたにも個人的な価値観があり、社員にもそれぞれ個人的な価値観があります。それら各人が持つ価値観のうち、共通する部分が何かを文書化したものが、組織としてのコアバリューです。

スタートアップ企業だと、変わった言葉や尖った言葉を使いたがる傾向があるようですが、自分たちらしい働き方とは何かという質問が大切であり、何もカッコつけて文言をつ

くり出す必要はありません。他人から見たときに平凡な言葉であっても、自分たちが本当に納得できるものであればいいのです。

5．話し合いながら必要であれば修正していく

社員と話し合いながら、日々の仕事のやり方が、決めたコアバリューに沿っているのか、または沿っていないのかを検討し、言葉を固めていきます。

6．オフィシャルな書類にする

最終的にコアバリューが定まったら、それを社員ハンドブックや入社時のオリエンテーション資料など、会社のオフィシャルな書類に盛り込んでいきます。

■あなたの会社を永続させるためのコアバリュー

自社のコアバリューを検討する際に考慮しておかねばならない要素は、私たちが事業を営む国は日本であるという事実です。おそらく、企業に勤める社員の多くは日本人であることから、企業文化は日本という国の文化のサブカルチャーとして考えるべきです。したがって、コアバリューはある程度、日本という国が持つ価値観に準拠しなければ継続が難

しいと言えるでしょう。

そこで日本の文化がいかなるものかを理解しておくことが肝要であると言えます。日本の文化の特徴は総括的に述べると、「持続性」が非常に大きな特質となります。日本は世界最古の国家です。諸説はありますが、神武天皇が即位してから２６００年以上の歴史があり、世界一の長寿国家であることは間違いありません。

なぜそうした特徴が生まれたのか、それを理解しておくことは重要です。私たちもやはり企業を永続させていきたいという思いがあると考えますので、あなたも日本という国の永続性の理由に興味を抱くことでしょう。

●大家族主義

日本の建国の精神は八紘一宇（はっこういちう）、つまり日本全国が四方八方、１つの屋根の下である、日本国民が１つの家族であるというものです。家族として協力し合いましょうという思想です。基本的には、家長である天皇一族がおられて、それ以外の人たちは兄弟姉妹として捉えられます。同様に、公言するかどうかは別にして、社員は家族であると認識して経営している会社は、文化も業績も好調である傾向があるように思います。

●和をもって自然に治まる

日本の文化の特徴として挙げられるもう1つは、カリスマ的指導者や法律に頼らず、皆の話し合いで自然と治まるという考え方です。これは経営リーダーからすると、自分が出張っていく必要がなく、自然と治まっているという状態になります。

●主体性

もともと日本には神道があり、その後、仏教やキリスト教、儒教などが入ってきましたが、他国のように1つの宗教に強く染まるということがありませんでした。これは個人個人が主体性をもって判断しているからであるとも言えるでしょう。共通の価値観を持ちながらも、主体的に自分の生き方、働き方を選ぶという特徴もあるわけです。

以上のような日本の価値観を理解しておくことは非常に重要だと思います。

仕組み化のためのエクササイズ5

コアバリューを決める

・会社として大切にする価値観を挙げてください。
・それぞれの価値観について、自社なりの定義を書いてください。
・それぞれの価値観を象徴するような行動を3～5個挙げてください。

コアバリューはドリーム・ビジョンより優先させる

理念を明文化しようとする場合、どれから手をつけようかと考えることもあろうかと思います。通常、ミッション（本書で言うところのドリーム）が最初にきそうですが、優先されるのはコアバリューと言えます。コアバリューはできれば最初の1人目を雇う前に文書化します。

なかには、「コアバリューをつくるのはある程度人数が増えてから」と書かれている書籍などもあります。〝コアバリューは行動基準〟であると勘違いしているとそうなります。コアバリューは行動基準などよりももっと深いところにあるものであり、人として何を大切にするかを決めるものです。そして、企業文化を決定づけるとても大切な項目です。

企業文化は最初の十数人に誰を入れるかで決まってしまいます。そして、コアバリューが合わない人が1人でも入社してくると社内は混乱します。だから、最初の1人目を雇う前に文書化します。コアバリューは採用の基準でもあるので、そもそも文書化されていないと、その人を採用していいのかどうかもわかりません。

ドリームとビジョンに関しては会社の状況にもよります。最初から明確な夢を持って操業している会社もありますし、逆にビジョンだけは明確な社長もいらっしゃいます。なので、その会社の状況に合わせて明文化をしていきます。

■会社の理念（バリュー）を社員に共有するには？

理念は浸透させるものではなく、共有するものです。採用してから理念を浸透させせようとすると困難を極めます。ましてこれからの時代、生き方が多様化したり、会社に所属することがマストではなくなるでしょう。そんな時代に、会社の理念を強制することはできません。リーダーが行うべきことは、いまから採用しようとしている人が、自分たちの理念を共有してくれるかどうかを見極めることです。

人は本人が意識しているかどうかにかかわらず、それぞれ人生の目的や計画や価値観、すなわち個人としての理念を持っています。そして、会社とは、同じような理念を持った人たちの集まりであると考えたほうが良いでしょう。

●策定プロセスに社員を参加させる

これから理念を策定する場合には、策定プロセスに社員を参加させることが大切です。社員数が多い場合には、幹部社員や核となる社員を選出（または立候補）し、プロジェクトを走らせます。

上が決めたものではなく、自分たちで決めたものであれば、より理解が深まります。ただし、先に申した通り、ドリームとビジョンは、とくに経営リーダーのインスピレーションによるところが大きいです。そのため、草案はあくまで経営リーダーがつくり、必要であれば最終的な文書化の段階で、主要なメンバーのアイデアを取り入れても良いでしょう。

●採用プロセスで共有できるかどうかを見極める

人の価値観はそう簡単に変わるものではありません。多くの場合、15歳くらいまでの子供時代に親や周りからの影響を受けて、価値観や人格が形成されていきます。そのため、採用してからその人の価値観を変えるのはなかなか難しいものです。理念を共有しようと思ったら、採用の時点でそれらを共有できるかどうかを見極めることが必要です。

●人事評価に組み込む

人事評価の項目は、会社からの暗黙のメッセージと言えます。したがって、ドリーム、ビジョン、バリューを共有したいと思ったら、それに沿った行動が評価されるようにすることが欠かせません。これについては後述します。

●現場業務に組み込む

何より大切なのが、ドリーム、ビジョン、バリューを日々の仕事で体現することです。そのために、現場業務の仕組みをつくり上げることが大切です。これについてもマニュアル化のところで述べます。

●理念を語らせる

多くの会社では、社長が理念を語り、社員に理解してもらおうとしますが、これだけではなかなか共有できません。人は人から話を聞いて理解するよりも、自分で話したときにより理解が深まるからです。そのため、新入社員研修などのイベントで既存社員が自社の理念を語る機会を増やしていくことが大切です。

ステップ③　戦略的目標（SO）&指標を設定する

さて、ここから仕組みの話らしくなります。先ほど打ち立てたビジョンは自社にとっての長期的な青写真であり、現時点では非現実的な願望であっても構いません。ただ、ビジョンだけでは日々の業務とのつながりがイメージしにくいので、中間目標を立てます。それが、戦略的目標（SO：Strategic Objective）です。

SOは、ビジョンよりも具体的に、実現可能な到達地点を設定します。目安として、3年後に自社が達成しなければいけない目標を設定すると良いでしょう。売上高や利益額などがわかりやすいSOですが、顧客数や市場シェアなどを設定することもあります。

SOは目標設定においてよく使われる「SMARTの法則」に沿って設定しましょう。

具体的（Specific）：可能な限り数字で表現する。
測定可能（Measurable）：達成できたかどうかを第三者でも判定できる。
実現可能（Achievable）：見果てぬ夢ではないこと。
関連性（Relevant）：自社のビジョンやコアバリューに則していること。
期限（Time-bound）：期限を明確にする。

SOを達成するために必要な指標を定めたものが戦略的指標（KSI）です。私たちは8つのKSIを設定してもらうようにしています。KSIを設定することによって、SO達成のために何をしなくてはいけないのかが明確になり、進捗測定も可能になります。そして、最終的にKSIを向上させるための仕組みをつくります。

これによって、あなたの人生観から生まれた会社のビジョン、ビジョンに向けた3年後の目標、目標達成のために測定すべき指標、指標を向上させるための仕組みというように、一貫した仕組み化が可能になります。

ＫＳＩの設定は目標の設定より難しいと言えます。ＫＳＩの設定は戦略そのものと言えるからです。たとえば、半年で10キロダイエットという目標（ＳＯ）があったとしましょう。この目標に向けて指標を設定してみましょう。

ある人は、毎日の摂取カロリーを設定するかもしれません。この人は食事制限という戦略によって目標達成しようとしています。また別の人は、毎日の運動時間を設定するかもしれません。この人は運動するという戦略によって目標達成しようとしています。

戦略が異なれば、毎日の行動も変わります。会社も同じようにＫＳＩの設定が会社として取るべき行動を決めることになります。

指標についてポイントを見ていきましょう。

■指標は理念と目標から逆算して設定する

たとえば、１００年以上にわたって持続成長しているスリーエム社の場合、指標として、「売上に対する新製品比率」というものがあります。この比率が高いということは新製品が売れているということであり、会社が革新的な活動をしている証拠にもなり、将来にわたっての成長も約束されます。

そして、この指標を向上させるための仕組みとして、ＮＰＩ：New Product

Introduction（新製品導入）」プロセスというものがあります。これはアイデアの創造から市場への投入までの段階をステップに分けたものであり、同社のイノベーションを再現可能にしています。

ちなみに、アイリスオーヤマ社も「常に高い志を持ち革新成長する」という理念の実現に向け、「売上高に占める新商品比率50％」という指標を設定しています。さらに、その指標を実現するために毎週商品開発会議を開催していることでも知られています。これも理念、指標、仕組みを連動させている例と言えます。

■戦略的指標（KSI）は4つの視点からバランスよく設定する

指標というと、財務的な指標が思い浮かべやすいと思います。しかし、それだけではいけません。たとえば、経常利益率を指標に設定したとしましょう。簡単な話、社員の給与を抑えれば経常利益率は増えるでしょう。しかし、その分社員の生産性が下がったり、離職が増えたりして、一時的には経常利益率が上がったとしても、中長期的には下落することが予想されます。

そうならないように、財務視点、顧客視点、社員視点、業務視点から見て、バランスよく指標を設定し、会社が持続成長することを目指すのが大切です。

●自社独自の指標でも良い

自社独自の指標を設定することもできます。先述した米KEAP社は3つの自社独自のKSIを算出し、社内で公開することで社員の行動の指針にしています。

計算式は非公開ですが、顧客満足度や生産性など、同社の重視する価値観を反映した指標と考えられます。ちなみに私は、仕組みに関連する指標として「経営自立度」という指標を考案しています。これは会社の業績が特定の顧客や取引先、または特定の社員に依存していないかどうかなどを測定するための指標です。

■KSIは各指標同士が連動する

KSIは8つなど複数設定しますが、これらは単独で上下するのではなく、相互に連動することがほとんどです。そのため、これがこうなったらこうなるというように指標同士のつながりを理解したうえで設定することが大切です。

有名な例を挙げてみましょう。図表12はアマゾン創業者のジェフ・ベゾスが、創業前に構想したとされるメモです。

中央の「成長」が目標だと考えてみましょう。その周りにある要素を全部指標と考えて

顧客指標	単位	意味
顧客満足度	%	どれくらい満足いただけたか？
NPS	%	どれくらい他の人に勧めたいと思うか？
ライフタイムバリュー	円	一定期間においてどれくらい買っていただけたか？
カスタマーヘルススコア	%	どれくらいサービスや商品を使ってもらえているか？
カスタマーエフォートスコア	%	顧客が商品やサービスを利用するときに、どのくらいの時間や労力が必要だったか？

業務指標	単位	意味
不良品率	%	不良品が発生した確率。
クレーム発生件数	件	どれくらいクレームが発生したか。
人時生産性	円	1時間当たりの生産性。
成約率	%	リードをどれくらい顧客に転換できたか？
サイクルタイム	時	1つの作業工程当たりの所要時間。

社員指標	単位	意味
平均年収	円	全社員の平均年収。
eNPS	%	社員がどれだけその会社に就職することを他人に勧めるか？
離職率	%	一定期間における離職者数の割合。
資格取得者数	人	業務に求められる資格を取得した人の数。
研修時間	時	業務に求められる能力を開発するために用いられた時間。

図表11　戦略的指標

財務指標	単位	計算式	意味
損益分岐点比率	%	損益分岐点売上高÷売上高×100	低いと、売上高が減少しても赤字になりにくい。
売上高経常利益率	%	経常利益÷売上高×100	収益性の指標。高いほど、売上高を効率的に利益に転換できている。
CCC：キャッシュコンバージョンサイクル	日	棚卸資産回転期間＋売上債権回転期間－仕入債務回転期間	商品が売れた後に売上金が振り込まれるまでの期間から商品の仕入れ代金の支払い猶予期間を差し引いた日数。
自己資本比率	%	純資産÷総資産×100	事業につぎ込んでいるお金のうち、自己資金が何％を占めているかの指標。
無収入寿命	月	純手元資金(総資産-棚卸資産-固定資産-流動負債)÷月当たり固定費	売上高が0と仮定した場合、純粋な手元資金で何カ月間経営の現状維持ができるかを測定する。
ROA	%	当期純利益÷総資産	会社が持っている総資産を利用して、どの程度の利益を上げているかを示す。

図表12　アマゾンのKSI

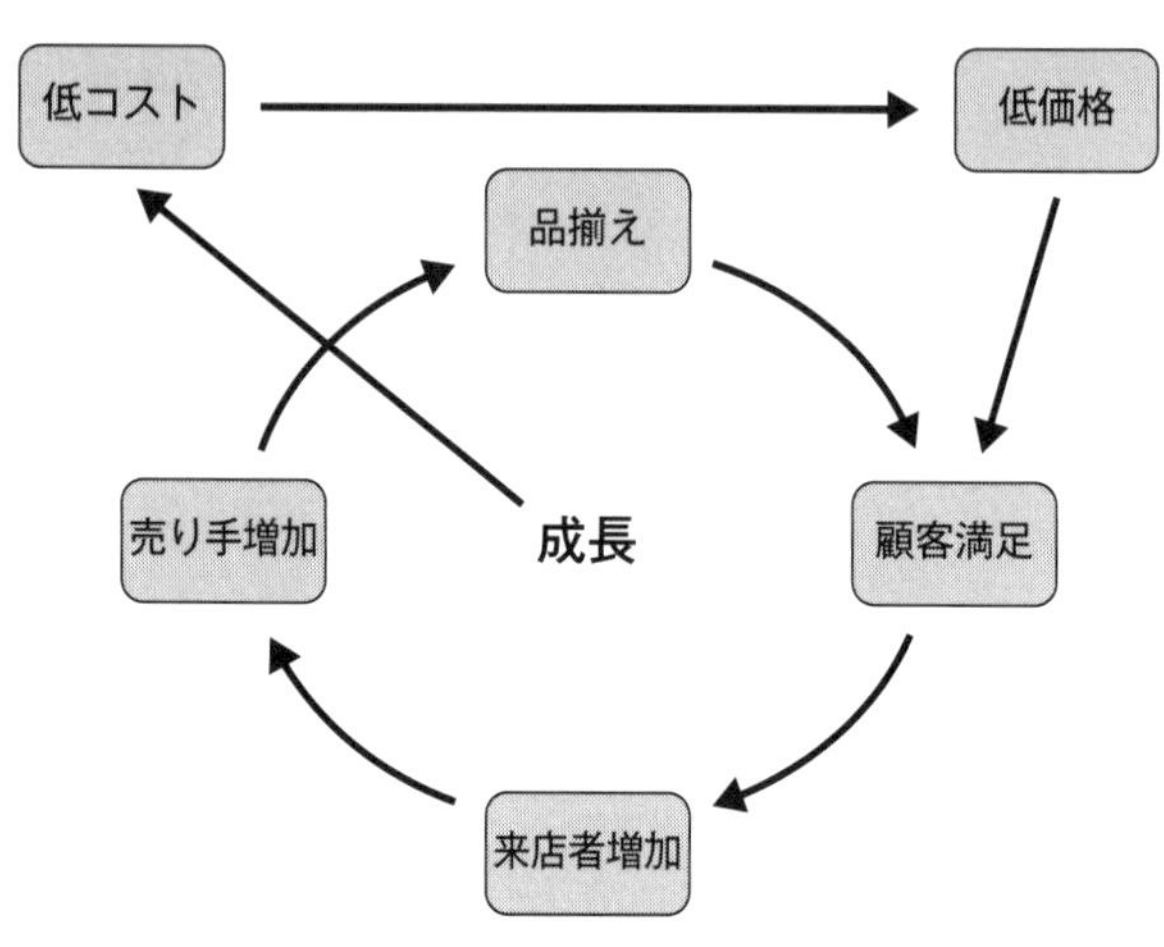

みましょう。

「指標①品揃え」を増やすと、「指標②顧客満足度」が実現され、「指標③来店者」が増え、来店者が増えればアマゾンで自社商品を売りたいという「指標④売り手数」が増えます。するとさらに「指標①品揃え」が増える、というようなループが回ります。さらに、それによって「成長」が実現されると「指標⑤運用コスト」が削減され、「指標⑥販売価格」が下がり、「指標②顧客満足度」が向上します。

私たちの描いている図は以下の通りです。

「指標①カリキュラム完成度（独自指標）」を向上させることで、「指標②LTV（顧客生涯価値）」が上がります。また、カリキュ

図表13　仕組み経営のKSI

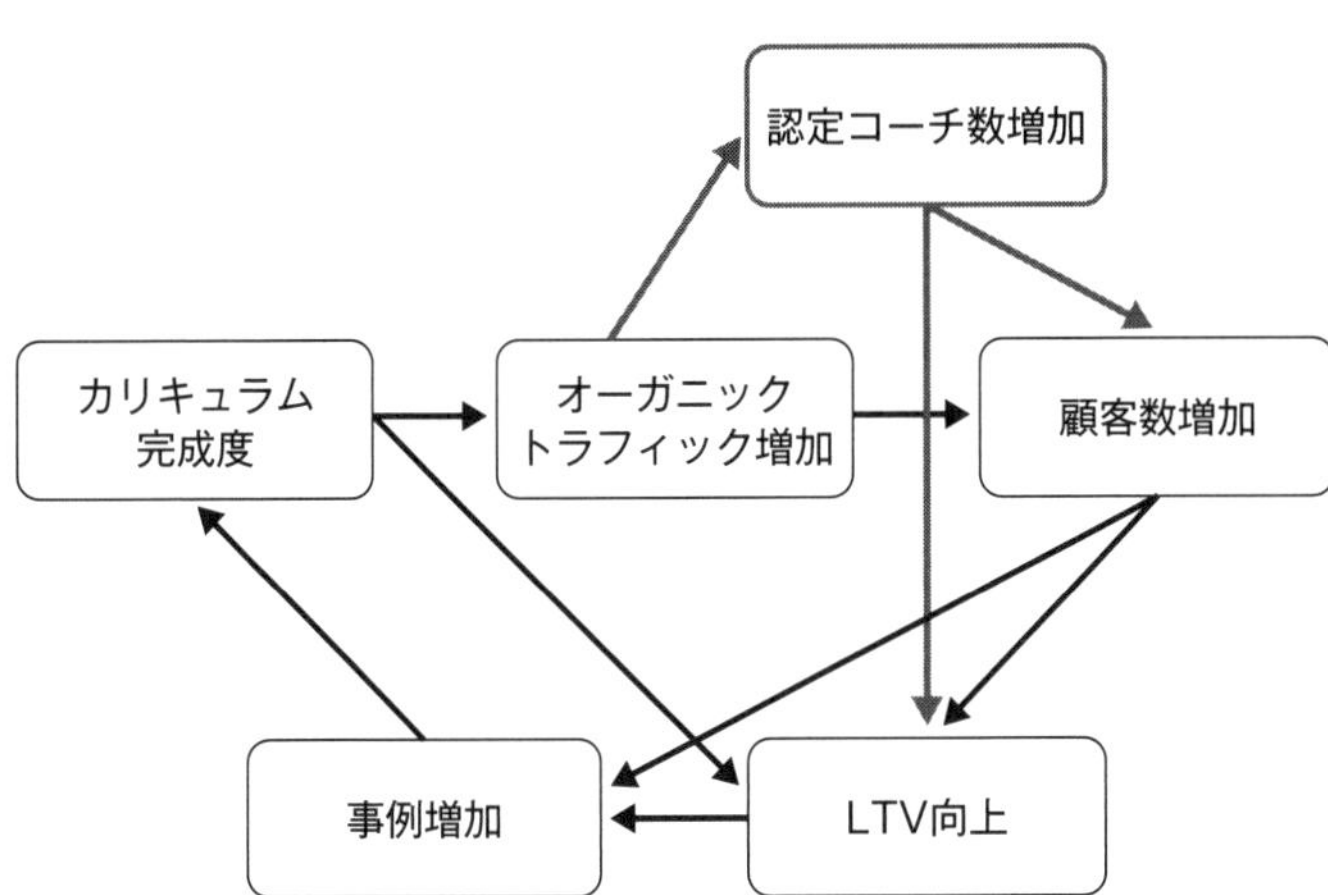

ラムの一部をブログで公開することで「指標③オーガニックトラフィック」が向上します。それによって、「指標④顧客数」と「指標⑤コーチ数」が増えます。顧客とコーチをコミュニティ化することによって、「指標②LTV向上」が見込まれます。それによって、「指標⑥事例数」が増えます。事例が増えるとカリキュラムが強化できるので、「指標①カリキュラム完成度」が上がる、といった具合です。

このように、目標達成のための道筋を考え抜くことが大切です。冒頭で、KSIの設定は戦略そのものと申し上げた理由がおわかりいただけたかと思います。KSIによってSOを達成していく道筋がわかると、いまどの指標がボトルネックなのかも見えてきます。

するとそのボトルネックとなっている指標を向上させる仕組みづくりに重点的に取り組めばいいことがわかります。

仕組み化のためのエクササイズ6

3年後の戦略的目標

・ビジョンから逆算して、3年後に必達の目標は何ですか?

戦略的指標

・戦略的目標を達成するために追うべき指標を複数挙げてください。

ステップ④ 社員の働き方を変える「組織戦略」

「組織をつくる」とは、簡単に言えば「共通の目標」に向けて、大きな仕事をどう「分業」「調整」していくかという仕組みをつくることです。1人だけではやっていけない規模の仕事量になったときに、組織が必要になります。

●分業とは？

分業は、1つの業務を複数人で分担することです。分業によって仕事のスピードはアップし、生産性が向上します。分業によって実現したのが有名なT型フォードです。

フォード創業者のヘンリー・フォードは、大衆の手に自動車を届けるという信念を持っていました。しかし、当時の一般的な自動車製造方法は職人の個人裁量に負うところが多く、製造のコストダウンは難しかったのです。フォードはそこに科学的管理法を導入し、工業の分業を進めました。それによって製造コストが下がり、自動車が一般大衆の足となったのです。

●調整とは？

調整とは、分業を効果的に行うための人同士のコミュニケーションです。たとえば野球チームで考えてみましょう。守備側のチームはゼロ点に抑えるという共通の目的がありますね。そのために、Aさんがファーストを守り、Bさんがセカンドを守り……というように「分業」されています。

これだけでも守備がうまくいきそうな気もしますが、そうはいきません。たとえば、センターとライトのちょうど中間地点にボールが落ちそうになったらどうするでしょうか？　センターとライトの間には明確な線がないため、どちらが捕るべきかわかりません。落ちるまで放っておいたら、責任の擦り付け合いが起こります。

そこで、ボールがきたら、どちらが取るか声を掛け合います。これが「調整」です。「分業」と「調整」がうまく機能することでチームが動けるわけです。これと同じように、組織戦略とは会社の目的（ビジョンや目標）に向けて、どう分業し、どう調整するかを決めることと言えます。

組織戦略1　未来の組織図をつくる

組織戦略の最初のステップは、「未来の組織図を作成する」ことです。組織図とは、「どう分業するか」を示したものです。組織図が明確になっていないということは、先ほどの野球の例であれば、ボールが飛んでくると全員でそれを追いかけ、そのつど、捕れそうな人が捕るという感じです。

これではみんなが疲労してしまいます。誰がどの仕事をどれだけやるかが曖昧なために、「なんで自分ばっかり……」「あいつはいつも仕事をしていない……」というような不公平感が噴出している会社はよくあります。その不満が個人間、部門間に広がり、人間関係のトラブルが増え、組織の生産性は著しく落ちていきます。

人間関係のトラブルが増えると、多くの会社では、コミュニケーションや人間力向上の研修などを取り入れ始めます。しかし、根本的な解決にはつながりません。「構造が変わらない限り、同じ問題が繰り返される」というのが原理原則だからです。なかにいる人を変えても、組織構造を変えない限り同じ問題が起こります。だから、まず組織図が必要なのです。

実は以前、私が創業メンバーだったＩＴベンチャー企業では、組織図の共有をしていなかったことが失敗の一因となりました。最初のうちは、みんな新しいビジネスに没頭していました。しかし、そのうち軌道に乗ってきて組織も大きくなり始めると、創業メンバーが各自、その組織を使って自分のやりたいことをやり始めてしまったのです。

明確な組織図がなかったために、各自の仕事内容も定義されていなかったのです。そして資金の使い道がバラバラになり、本業のサービスにも力を入れなくなり、すべて崩壊し

図表14　一般的な組織図

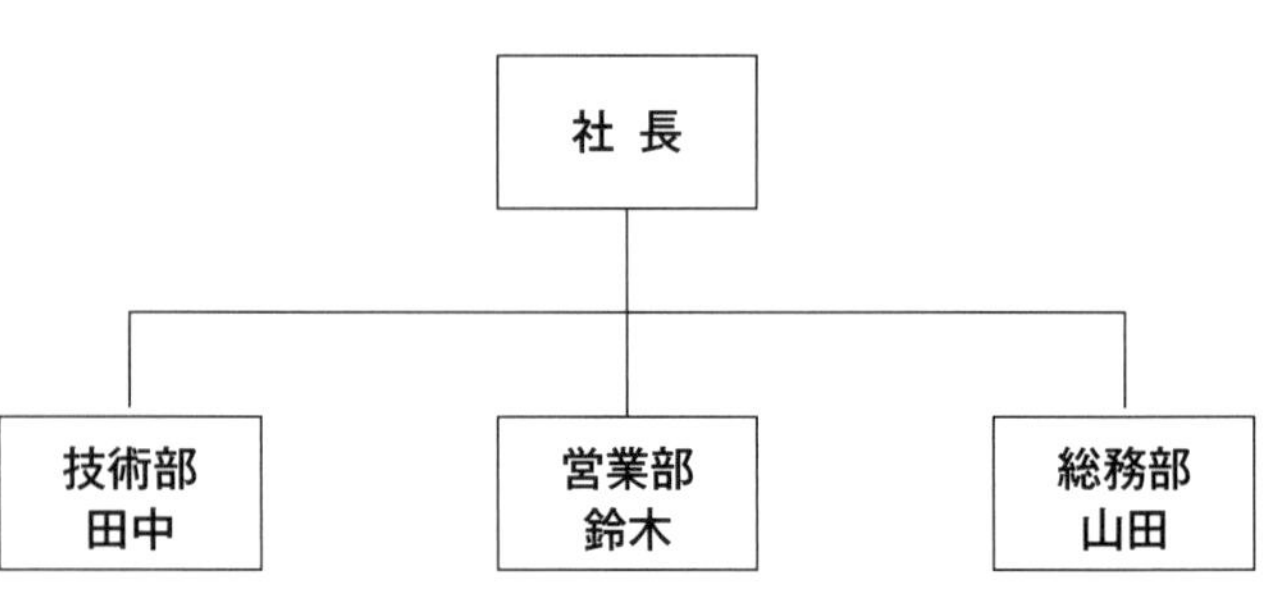

てしまいました。

あなたの会社がまだ小さかったら、「うちみたいな会社にも組織図が必要なのか？」と疑問に思うかもしれません。しかし、実は組織図こそ、ほかのどんな仕組みよりも、会社が発展していくことに対して深い影響を持っています。実際のところ、これから紹介するやり方で組織図をつくると、次のようなメリットがあります。

- 目標達成のために、どんな人材が何人必要かが明らかになり、採用計画ができる。
- 仕事を任せるのが簡単になる。
- 権限と責任が明確になり、社内のコミュニケーションが円滑になる。
- 社員たちは自分の担う役割やキャリアパスが明確になる。

では、会社の経営に役立つ組織図とはどんなものでしょうか？　社長に御社の組織図を書いてくださいというと図表14のような組織図が出てくることがあります。

こんな組織図が経営の何の役に立つのか？　と思いますよね。私もそう思います。そうなんです、こんな組織図は役に立ちません。あなたに作成してほしい組織図の特徴は2つあります。

■未来の組織図

経営リーダーがつくるべき組織図とは、いま現在の組織図ではなく〝未来の組織図〟です。〝未来の組織図〟と言われてもピンとこないかもしれませんね。前のステップで戦略的目標を設定しましたが、その目標が達成されたと仮定して、その時点での組織図を創造するのです。

その未来の組織図ができたら、一歩ずつ現在の組織図を未来の組織図へと近づけていけば良いということになります。ですので、いまは小さい会社である場合、多数の部門がある身分不相応の組織図ができます。それでも構わないのです。

この方法は実証されています。スターバックスは1店舗しかなかったとき（当時はイル・ジョルナーレという店名）から、ここに書いているような組織図のつくり方に取り組み、成長していきました。
実質的創業者のハワード・シュルツ氏いわく、
「1店舗の小さな会社には不釣り合いなほど綿密な組織図を作成し、事業の全体像を正確に把握できるようにした」（『スターバックス成功物語』より）とあります。

■機能の組織図

次に、あなたがつくるべき組織図とは〝機能の組織図〟です。多くの中小企業の社内を見わたしてみると、たとえば山田君が営業をしていて、鈴木さんが経理と総務をやっていて、社長が営業と開発をしているというような感じだと思います。

このような状態を〝人に仕事が付いている〟と言います。人に仕事が付いている状態というのは非常にリスクの大きい組織になります。その人が辞めてしまったらほかの誰もその仕事をできないというようなことが発生するからです。つまり、仕事が属人化しているのです。

いっぽう、経営に役立つ組織図づくりというのは、

1．あなたの戦略的目標を達成するためにどんな機能が必要かを考える

2．その機能を組織図にする

3．機能に人を付ける

という順序になります。

これも野球チームに例えればわかりやすいですね。野球というのはあらかじめポジション（機能）が決まっています。ファースト、セカンド……というように。これはゼロ点に抑えるという目標に対して、このような機能配置にすれば最もうまく守れるとわかっているからあのようになっているのです。そして、各チームのなかで、最もそのポジションをうまく行える人がそのポジションに付くわけです。

会社組織もこれとまったく同じです。会社のビジョンに向けて必要な機能（ポジション）があり、その機能を最もうまくこなせる人がそこに付くわけです。京セラ創業者の稲盛和夫氏は、組織論として唯一心がけてきたことは次のようなことだと盛和塾で話していて、これも同じ意味合いかと思います。

「会社に必要な機能を明確にし、そこに人を当てはめる。ただし、その人がその任に足りうるかどうか判断する基準が必要だ」

■組織図を活用して「ポジション」を社員に任せる

社長は、社員に仕事を任せなければいつまで経っても、すべての仕事を自分で抱え込むことになります。しかしながら、「仕事を任せる」という発想だけでは、理想の組織に近づくことはできません。仕事を任せた相手が退職してしまえば、また振り出しに戻ってしまいます。責任や権限が明確でないまま任せてしまったために、余計なストレスや労力もかかってしまいます。

そこで必要なのは、「ポジション（職務）」を任せるという発想です。「ポジション（職務）」を任せる仕組みを持つことこそが、中小企業が成長していくために必須の機能になります。

組織戦略とは、自社にどんな「ポジション（職務）」が必要なのかを理解し、それをどのように、どの順番でほかの人に任せていくかを決めていくことなのです。

再び野球チームの例に戻りましょう。残念ながらあなたのチームはまだ始まったばかりで、本当は9人必要なところ4人しかいません。そのため、あなたがピッチャーとセカンドとショートを兼任しています。

だんだんチームの人気が出てきて、人が増えてきました。するとあなたの代わりにピッチャーをやってくれる人がいたので、あなたはピッチャーをやらなくて良くなりました。さらに人が入ってきて、ショートも任せられるようになりました。こんな感じで、チームが成長してくるとあなたがやっていたポジションを任せられるようになるわけです。

会社もこれと同じです。これからのステップで未来の組織図をつくっていただくと、社長であるあなたがさまざまなポジションを兼任していることがわかると思います。最初はそれでいいのです。会社の成長に従って、兼任しているポジションに人を入れ、そこから抜けるということを繰り返していけば〝組織図から抜ける〟、つまり会社を承継することも可能になります。

■会社経営に役立つ組織図のつくり方

では、組織図のつくり方に入っていきましょう。

●戦略的目標の達成時点での機能をリストアップする

戦略的目標を達成したと仮定して、その時点で会社にどのような機能があるかを考えてみましょう。機能というのは、たとえば次のようなものです。

新規集客（マーケティング）
営業
顧客サポート
総務
経理
IT
経営企画
……等々。ほかにもたくさんあるかもしれませんが、なるべくシンプルに考えましょう。

●リストアップしたものを組織図にしてみる

次に、挙げた機能を組織図にしてみます。あなたの会社は戦略的目標の達成時点（3年後）で、どんな組織図になっていますか？　これはすぐにつくれるものではありません。何度も繰り返し考え、書き直してみましょう。ここでもあまり細かくしすぎると使えない組織図になってしまいますので、シンプルさを心がけましょう。

●一番上は、オーナー（株主）

大半の中小企業の社長は、ビジネスのオーナー（株主）でありながら、自ら営業や開発などの現場の仕事、または社員の管理というマネジャーの仕事で毎日の時間を使っています。

つまり、これも野球チームで例えれば、「オーナー兼監督兼選手」という状態なのです。もちろん、会社が小さいときには自分がすべてをやらなくてはいけません。しかし、それ以上に成長していくためには、会社を組織化していく必要があり、ここで紹介する組織図が必要になってきます。

最終的な理想の姿は、社長業すら人に任せ、ビジネスオーナーとして「組織図から抜ける」ことです。したがって、組織図の一番上はオーナー（株主）となります。そして、その下に線を引きましょう。この線は会社のなかで働いている人と、会社の外から働きかけている人を隔てる線です。

●業務を分業しすぎない

一般的に、組織が大きくなるほど業務が専門化され、分業が進むとされています。しか

図表15　理想的な組織図

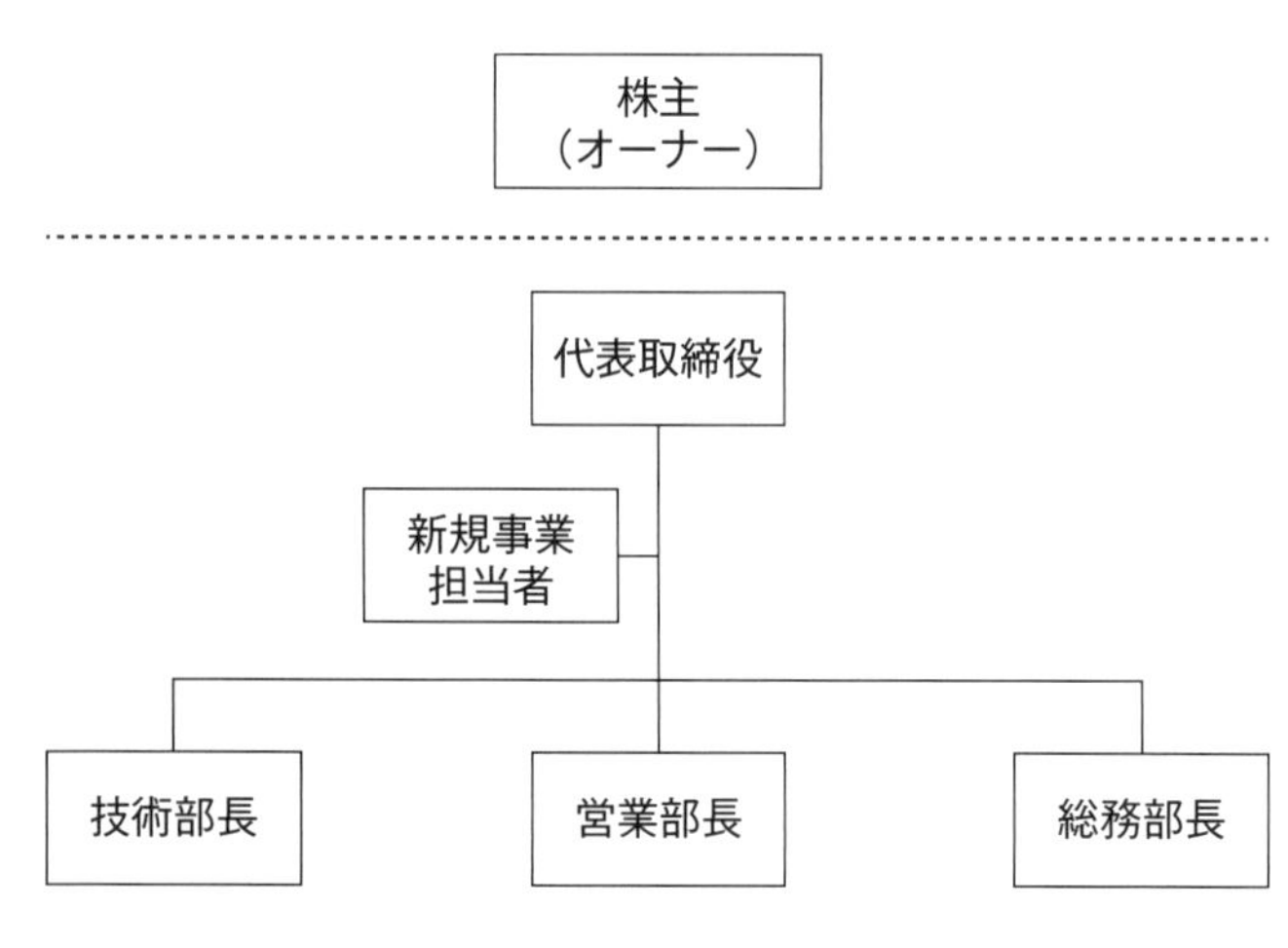

し、分業にもデメリットがあります。部門間の断裂が起きたり、業務が専門特化されすぎたために、その会社でしか通用しないスキルしか身につかないこともあるのです。

また、仕事を専門化させるほど生産性は高まる（習熟するため）傾向にありますが、専門化が一定レベルを超えると生産性は逆に下がり始めることがあります。これは業務が単純化し、担当者が全体像を見ることができなくなり、やる気が落ちるためとされています。

●組織の構造は水平分業か、垂直分業か

組織構造にはさまざまなタイプがあります。端的に言えば、分業をどう行うかによって構造が決まります。そして、分業には「水

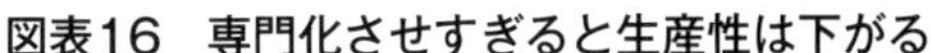
図表16　専門化させすぎると生産性は下がる

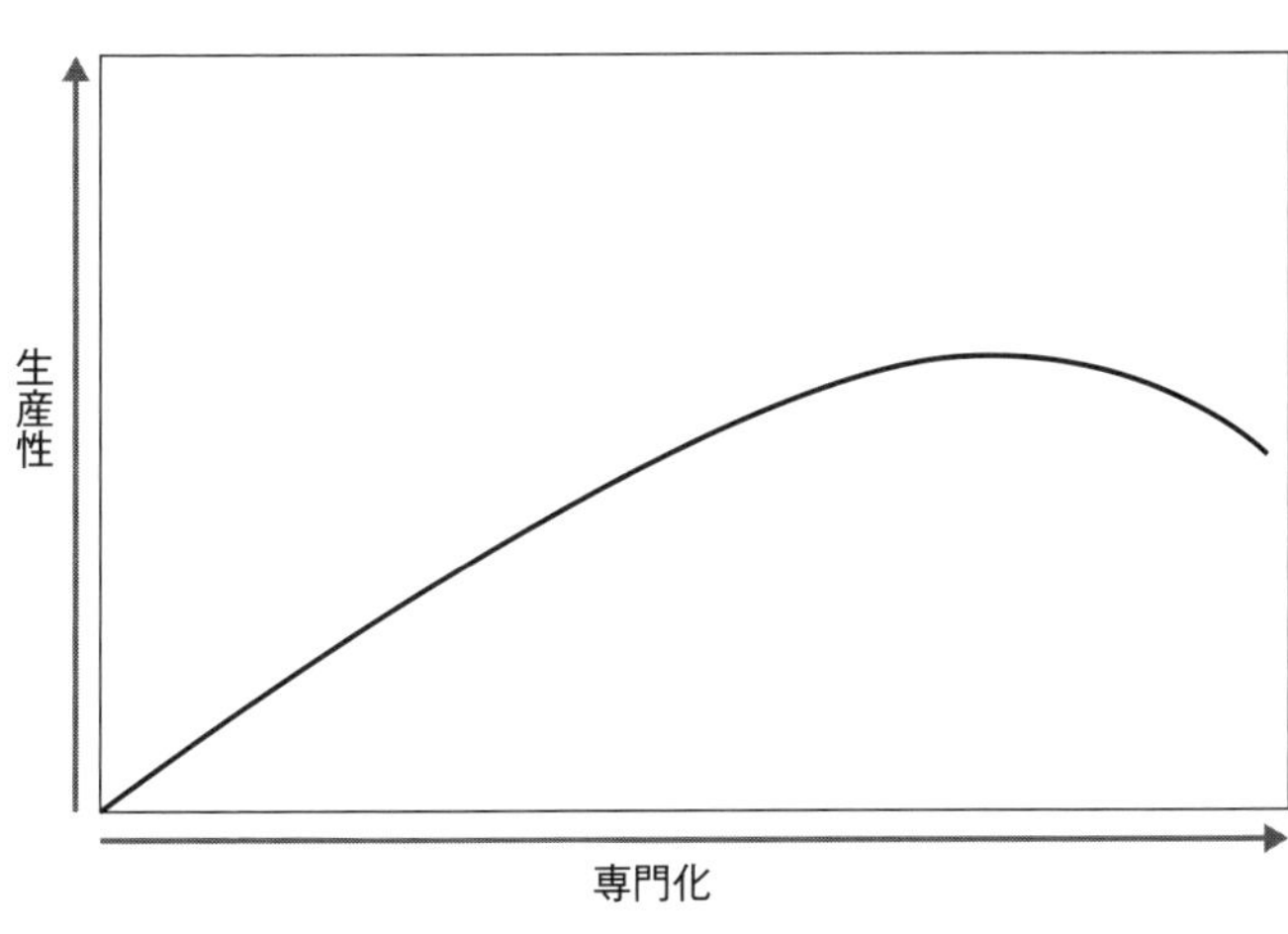

平分業」と「垂直分業」があります。どちらを選ぶかによって組織構造が決まります。

パン屋さんを例に考えてみましょう。

水平分業……業務の流れに合わせて専任者を付けます。パンの開発担当者は開発だけを行う、企画担当者は企画だけを行うなど、専門特化した仕事を行います。

垂直分業……パンの種類ごとに専任者を付けます。専任者は各パンの開発から販売まですべてに責任を持ちます。

水平分業、垂直分業ともに、図の通りメリ

図表17　水平分業と垂直分業のメリット・デメリット

パンを製造する際の水平分業

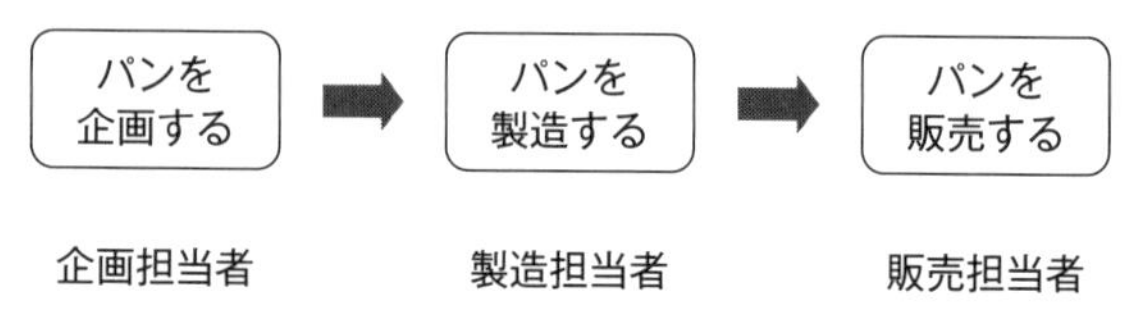

パンを製造する際の垂直分業

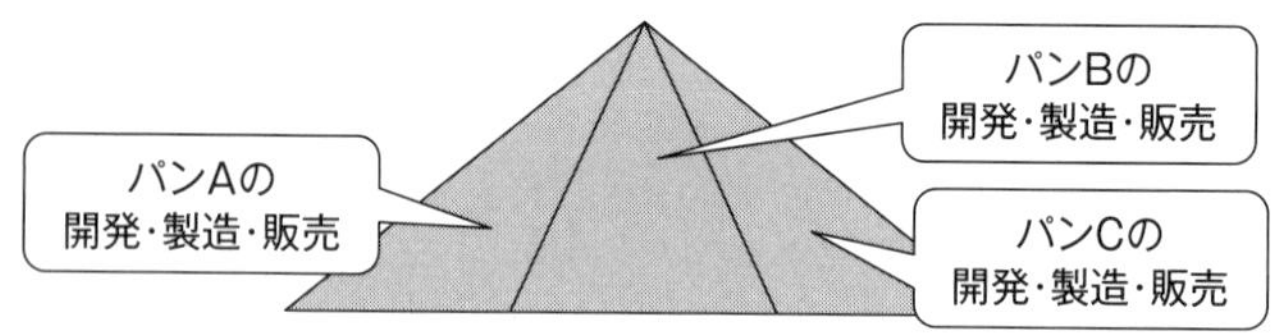

水平分業と垂直分業のメリット・デメリット

	メリット	デメリット
水平分業	各分野の専門性が高まる	・部門間断裂 ・ボトルネックの発生 ・その会社でしか通用しないスキル
垂直分業	全体が見えやすく効率化し、やる気も向上	マルチタスクが発生し、教育難易度が高い

ット・デメリットがあります。

●組織図から設計する職務の条件

組織構造を検討するにあたって、全職務が以下の条件を満たすように設計することが望ましいです。

技能多様性………単調な仕事ではなく、自分が持つ多様なスキルや才能を活せる仕事であることです。専門化が行きすぎると仕事が単調になり、動機づけが難しくなります。

タスク完結性……始めから終わり（完結）までの全体を理解したうえで関われる仕事であることです。自分の仕事とほかの仕事との関わりを理解できます。

タスク重要性……他者の生活や社会にインパクトをもたらす重要な仕事であることです。自分の仕事が会社にどう貢献しているのか、顧客にどう貢献しているのかを知ることができます。

この3つの職務条件は、ハックマン＆オールダムの「職務特性理論」によります。正確には、あと「自律性とフィードバック」が必要ですが、組織図作成にはあまり関係がないので省いて考えて良いでしょう。

●組織図に人の名前を入れてみる

ここまできたら初めて人の名前を入れていきます。いまつくった組織図をご覧くださ い。それぞれの機能をいま誰が担当していますか? 小さい会社であればほとんどの機能を社長自身が担当しているかもしれません。それでもいいので、組織図の箱の横に名前を記入していきましょう。こうしていただくと、いかに自分がさまざまなポジションを兼任しているかがわかると思います。

このように、人の名前が入った組織図ができれば、それがあなたの会社の役割分担を示した図になります。これがあれば、社員の人もいま自分がどの仕事を担当しているのかがわかります。人は全体像を理解したほうが効率的に働けますし、会社に自分がどう貢献しているかもわかるので動機づけにもなります。

●現実性評価

完成した組織図を見れば、戦略的目標達成時における社員数、人件費などを計算できるはずです。その数字と戦略的目標達成時点での財務的な数字の整合性が合うかどうかを考えます。この整合性が合うまで組織図を洗練させましょう。

●社長が組織図から抜ける計画を立てる

ここまできたら、組織図を使って未来へ向かうための計画を立てます。具体的には、

- あなたが兼任しているポジションをいつ、誰に任せるか？
- 誰をどこに配置するか？（適材適所）
- いつ、どのポジションに人を雇うか？（採用計画）

を考えていきます。

これらの計画こそが、組織を構築していくための計画になります。そして、ビジネスオーナーとして組織図から抜けるための計画にもなります。

仕組み化のためのエクササイズ7

戦略的目標を達成した時点において自社に必要な機能を挙げてください。

その機能を組織図の形にしてみてください。

組織戦略2 職務契約書(同意書)をつくる

組織図をつくったことで役割分担ができたように見えますが、このままでは不完全です。そこで次に登場するのが、「職務契約書(同意書)」と呼ぶものです。

職務契約書のなかには、その職務の目的(成果定義文)と仕事内容を明記します。会社のビジョンは、将来の目指すべき姿を示していますが、職務契約書は、そのビジョンを実現するために、各社員が担うべき具体的な責任と求められる成果を明確にしたものです。

職務契約書によって以下のようなことが実現できます。

- 各人の役割と責任が明確化される
- 個人の業績が組織の成功にどう貢献するかがわかる
- 自分の職務に対する主体性と責任が生まれる
- 上司部下間のコミュニケーションが活性化する

こうして1人ひとりが会社の大きな目標に紐づけられ、お互いの業務がつながることで、会社が単なる集団ではなく〝生きた組織〟へと変わっていくのです。

■成果定義文（職務の目的）をつくり社員の意欲や満足度を高める

成果定義文は、各職務で望まれる成果を定義した文章です。成果定義文をつくることで、各職務がどうビジョンや目標に貢献しているのかがわかり、社員の満足度や意欲に良い影響が出ます。また、その職務が本当に必要か再度確認することができます。

注意点としては、成果定義文は、その名の通り求められる成果を規定したものであり、仕事のリストではないことです。図表18に例を示しましょう。

図表18　職務の目的を明確にする

ポジション名	良くない例	良い例
受付	・電話に応える ・来訪者に挨拶する ・伝言する	自社のブランドに沿うよう会社にコンタクトしてくる人たちとのやり取りをうまく調整し、利害関係者との関係構築、関係維持をアシストする。
営業担当	新規開拓をし、商品の提案、契約を行う。	営業プロセスに沿って、リードを売上につなげ、長期にわたって質の高い顧客を獲得する。

成果定義文は、各社員に常に大局を意識しながら仕事をしてもらうためにとても大事なものです。分業が進むほど、自分の仕事だけやっていれば良いという人が増え、組織がバラバラになりやすいのが常ですが、成果定義文を運用することによって、そういった状況を避けることができます。

●職務が担うべき仕事内容

職務契約書のなかには、その職務が担うべき主な仕事内容も記載します。ここで大切なのは、どんな職務であっても、戦略的な仕事（計画や企画など）と、戦術的な仕事（実際に手を動かす）があることです。たとえば、営業担当者の仕事は以下のようになるかもしれません。

戦略的仕事

・営業活動の改善案の立案
・優先顧客の選定と重点的なフォロー
・新規取引先の開拓計画の策定

戦術的仕事

・顧客訪問による営業活動
・受注処理と在庫管理
・顧客からの問い合わせ対応とフォロー
・販売実績の報告と売上データ入力

原則としては、組織図の上のほう（社長に近いほう）にいくほど、戦略的仕事の量が増えることです。

■職務契約書を作成する際のヒント

初めて職務契約書をつくる際には、どんな内容を書くべきか悩まれることが多いと思います。1つのヒントとして、仕組み依存組織における組織階層ごとの主な役割をご紹介しておきます。

●経営層

経営層は主に起業家的な仕事に取り組みます。これまでにカバーした、理念体系の構築や共有、戦略的目標や指標の設定などが主な役割になります。これによって、管理層がつくるべき仕組みに指針を与えることができます。

●管理層

部下を持つ人たちが管理層です。管理層の職務契約書はとても大事です。なぜならば、多くの中小企業では管理層が機能していないために、社長が走り回り、経営の仕事に取り組む時間が取れていないからです。管理層を機能させることが、社長の個人事業から企業へと進化していくために欠かせません。

管理層が機能しない理由は、その職務が明確になっていないことです。あなたも、管理職自身も〝うちの管理職の役割はこれだ〟と言える人は少ないのではないでしょうか。

世の中一般的には、

図表19　仕組み依存組織における職務の役割

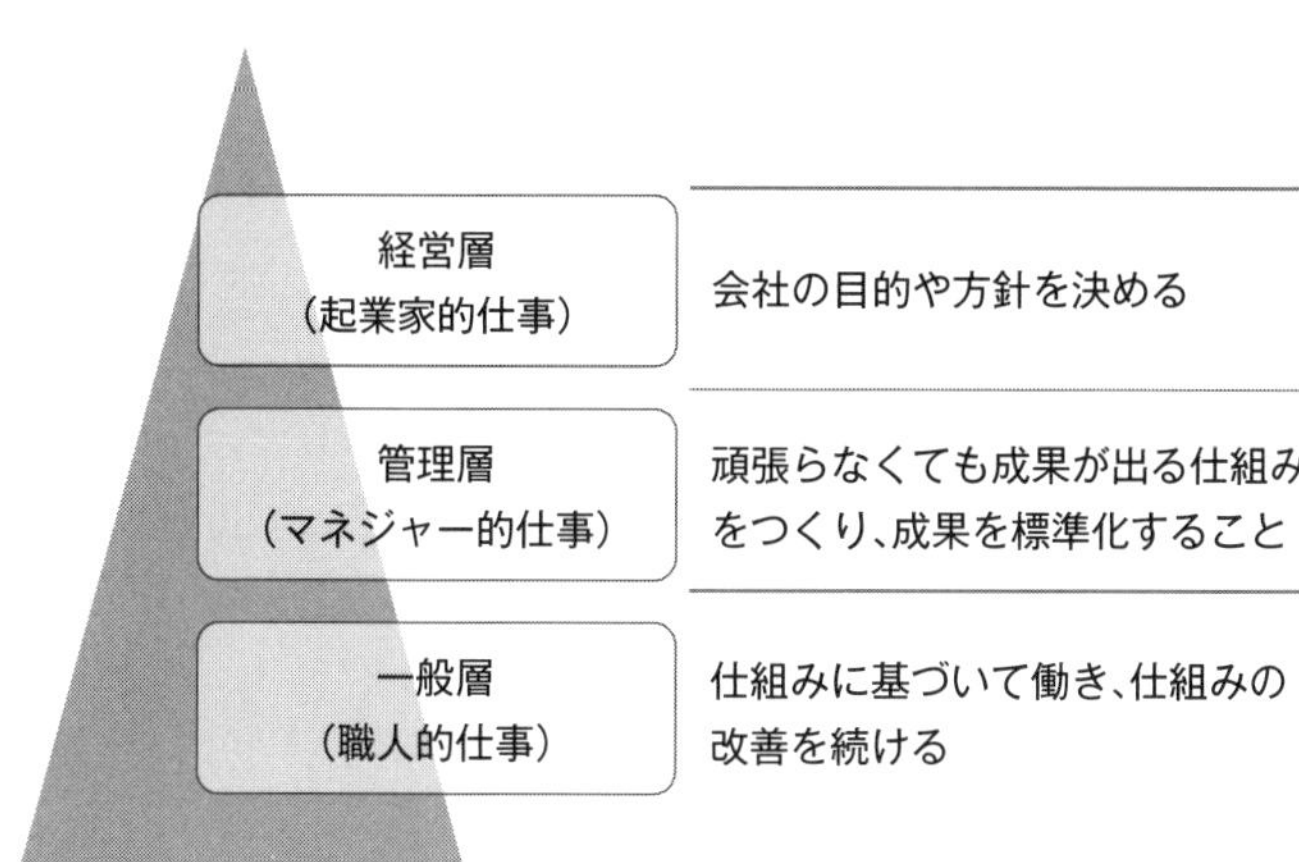

・管理職は部下の話を聞き、彼らの力を活かさないといけない
・問題を解決することが大切だ
・経営陣と現場との橋渡しをしないといけない
・部下に仕事を委任して成長させないといけない

等々、たくさんの役割が解説されています。このように、「管理職の役割についてさまざまな意見があることが、そもそも管理職が機能しない理由」なのです。あなたが考える管理職の役割と、管理職自身が考える管理職の役割、そして、その部下が考える管理職の役割が異なってしまえば、もう八方ふさが

りです。その場のご都合主義で仕事をするしかありません。

仕組み依存組織における管理層の役割は大きく分けると2つしかありません。「コントロール」と「マネジメント」です。

●仕組みに焦点を合わせたコントロール

コントロールとは、基準通りに業務が行われるように仕組みをつくり、維持することです。一般に、管理職の仕事は部下のやる気を引き出したり、部下に指示を出したりと人に関わることが多いと思われています。しかし、管理職は業務が行われる「仕組み」に焦点を当てなければなりません。

なぜなら、人は頻繁に入れ替わるからです。そのたびに、自分が責任を持つ部門のパフォーマンスが上下してしまっては管理職失格です。管理職は、人が入れ替わっても同じように成果を出せる仕組みをつくらなければならないのです。

言い方を変えれば、管理職は「部下が可能な限り簡単に成果を出せるような仕組み」をつくるのです。といっても、人をおろそかにしていいわけではありません。効果的な仕組みをつくるためには、深い人間理解が必要だからです。

たとえば、顧客満足度95%という基準があったら、その基準を保つための仕組みをつくるのが管理職の役割です。この場合、基準はさらに上の管理職（社長など）が設定します。

「顧客満足度95％」を達成するための仕組みをつくるには、

・どのような仕組みをつくれば、社員が喜んで仕組み通りに仕事をしてくれるのか？

・どう行動すれば顧客が満足するのか？

を考えます。さらに、管理職はつくった仕組みを維持することが重要な責務になります。つまり、つくった仕組み通りにみんなの仕事が行われているかを確認することです。

仕事の成果が基準値を下回っているのに、部下から嫌われるのを恐れて指摘できなかったり、まぁ、これくらいならいいだろうという感じで妥協しては管理職の機能が破綻（はたん）します。仕組みを維持するにはチーム全体の規律が必要になります。大切なことは、管理職が規律を持たなければ部下も規律を持たないということです。そこで管理職には自己規律が大切な能力になります。

たとえば、先ほどの基準、「顧客満足度95％」を達成するために「注文から1週間以内に納品する仕組み」をつくったとしましょう。この仕組みを維持するために、毎日9時にチーム内でミーティングをし、前日の注文状況と未納品の注文を確認しているとします。

ここで管理職が、今日は午後から出張で忙しいから、朝のミーティングはなしにしようという感じで規律を破ってしまったら、そこから部門全体のほころびが始まります。つくった仕組みが1回でも守られなければ、そのうち1回が2回になり、2回が3回になり、いずれ仕組みが形骸化します。仕組みが形骸化すれば、基準が保たれなくなり、会社全体のパフォーマンスに悪影響を与えるのです。

●目標達成を促すマネジメント

管理職の役割の2つ目がマネジメントです。目標達成のために現状の仕組みを変更することです。マネジメント＝管理と理解されている人もいるかもしれませんが、少し違います。"Manage to"（何とかして○○する）という言葉がありますね。ですから、マネジメントを突き詰めて考えれば、「何とかして目標達成すること」と考えていいでしょう。

先述した「コントロール」はどちらかというと守りの役割です。多くの大企業では、管理職がコントロールばかりしているので官僚的になります。また、コントロールしかしていない管理職の部内にいる社員は、決められたことをやっているだけなので、動機づけが行われず成長もしません。そこで、管理職の攻めの役割、マネジメントが登場します。

管理職は、全社目標を自分が責任を持つ部門に細分化して自分たちの目標を設定し、経営陣と合意します。当然ながら、会社の全社目標はトップリーダーが決めます（会社によっては、管理職自身が部門の目標を設定するのではなく、経営陣から強制的に目標設定されることもあるでしょう）。

たとえば、全社目標が売上100億円だとした場合、営業部門の管理職が立てるべき目標は、それを分解した「顧客数300社」という感じになるかもしれません。人事部門の管理職であれば「採用人数30人、離職率30％削減」という感じになるかもしれません。

どの部門であっても管理職は全社目標に沿って、自部門の目標を設定しなくてはいけません。目標がなければ、毎日何のために仕事をしているのかわからなくなるからです。そして、自部門の目標が全社目標に沿ったものであるかどうかを経営陣と話し合い、合意したうえで正式な目標として設定します。

管理職は合意した目標をなんとか達成するために方策を考えます。倫理的、法的に問題がなければ、あらゆる手段を使って目標を達成すること。これが管理職が果たすべき責任です。もし、既存の仕組みでは目標を達成できないのであれば、それを変更します。

これまでは顧客への納品を1週間以内に終わらせる仕組みで運営されていたとします。しかし、このままでは顧客満足度95％が達成できないとわかったら、納品を3日以内に終わらせる仕組みをつくると決めます。そして部下と一緒に試行錯誤して仕事のやり方を変え、3日以内に納品するやり方を開発します。3日以内に納品する仕組みが見つかったら、その仕組みがいつでも守られるように「コントロール」します。

こうするとより高度な仕組みができることになりますので、その仕組みに沿って仕事をすることで部下は成長していきます。

というわけで、管理層の成果と仕事はコントロールとマネジメントを繰り返し、目標達成を実現すると同時に、部下が成長し成果を出せるような仕組みをつくることになります。あなたの会社の場合、各管理層が具体的にそれはどういう成果や仕事になるかを考え、職務契約書に記載してみてください。

●一般層

一般層は、部下を持っていない人たちです。新卒社員から主任くらいまでがこの層に当たるでしょう。一般層の役割は仕組みに基づいて働き、仕組みの改善を続けることです。仕組みに基づいて働くことで成果を出すことができ、生産性も上がります。そして、空いた時間を仕組みの改善に使います。そうすることで、一般層も作業をするだけではなく、自らの創造性を発揮できるのです。

仕組み化のためのエクササイズ8

組織図上の1つの役職を選んでください。

その役職が出すべき成果を書いてみてください。（成果定義文）

その役職が担うべき戦略的仕事をリストしてみてください。

組織戦略3　協業関係のガイドライン

組織戦略でもう1つ考えたいのが「調整」の方法です。そのために協業関係のガイドラインをつくることをお勧めします。たとえば、次のようなガイドラインです。

- 上司と部下は仕事内容や期限を明確に合意し、信頼関係を築く。
- 部下は上司の指示のみに従い、他部署からの指示は上司に確認する。
- 部下には必ず1人の上司がつき、矛盾した指示が出ないようにする。
- 経営陣も別の職務を担う際はルールを守る。
- 集中できる作業環境を確保し、お互いを尊重する。
- 上司不在時には、さらに上の役職が上司になる。。
- 部門間の連携はルールに従う。
- 部下に仕事を委任する際は、文書化、期限設定、打ち合わせ、合意が必要。
- 部下の進捗を適切に管理するが、過剰な監視は避ける。

一見厳しいルールのように見えるかもしれませんが、実際のところ、これらのガイドラインがあることで、組織内での上司と部下、部門間などの関係がスムーズになり、無用な対立が生じたり、情報の行き違いなどのトラブルを避けることができます。

ここに挙げたものはあくまでサンプルなので、自社の文化に合うようにガイドラインを考えてみましょう。

仕組み化のためのエクササイズ 9

協業関係をうまく機能させるためのガイドラインを挙げてみてください。

補足：「ティール」や「ホラクラシー」等のフラット組織をどう扱うか？

ここまで読んできた方のなかには、ティール組織やホラクラシーなどに興味を持っている方もいらっしゃると思います。いわゆる「自律分散型」の組織です。

自律分散型組織では、これまでに述べてきたような階層構造や明確な責任、ガイドラインなどがないと思われがちです。しかし、ここでご紹介している方法とティール組織やホラクラシーとの間には共通の考え方があります。それは、組織に必要とされる職務と役割を明確にし、それをできる人、やりたい人がその機能を担うということです。

よく言われる階層組織の問題は、役職を持つ人が自分の「役割」と「権力」を混同することで起きます。たとえば、部長という役職は、部下のパフォーマンスを管理する「役割」になるかもしれませんが、それは部下を自分の思い通りに動かすという「権力」ではないのです。

組織内にいる人は、社長も含め何らかの役割を持っています。ただそれは、誰が偉いとか、誰が偉くないなどの「権力」ではないのです。

再び野球の例に戻れば、ピッチャーはほかのポジションよりも目立つ存在かもしれませんが、かといって、ほかのポジションよりも権力があり、偉いわけではないでしょう。それと同じことです。「ホラクラシー」には『はじめの一歩を踏み出そう』が引用されており、「起業家が犯す最大の過ちの1つはビジネスの中身にのめり込み会社の枠組みに手を入れない事。ガバナンス・プロセスの成果を使い、優れた自律性と速さでビジネスを行い、オペレーションを実施するのが大事」と書いてあります。ここでいう会社の枠組みというのが、これまでに述べてきたような組織構造やガイドラインです。

ティール組織は民主主義的な経営とされています。民主主義の本質とは、法のもとではみな平等ということです。会社でいう法とは、先に定義した理念体系です。理念体系が法であり、経営リーダー、新卒社員関係なく、それに従うというのが民主的な経営と言えます。

ちなみに当会（一般財団法人日本アントレプレナー学会）では、「ティール組織診断マップ」というものを配布しております。このマップをご覧いただくとティール組織を目指すためにも仕組みの整備が大切であるということがおわかりいただけるかと思います。

ご興味ある方は、以下からダウンロードしてみてください（https://org-map.com）。

ステップ⑤　会社を自動的に成長させていく「仕組み化戦略」

これまで述べてきた理念や組織などはコンピューターで言うところのＯＳのようなものです。そのＯＳの上にさまざまなアプリケーション（個別業務の仕組み）が載っていきます。ＯＳがうまく機能していればいるほど、アプリケーションもサクサク動きます。

もしかしたら手っ取り早く仕組みをつくりたいと思っている方は、これまで述べてきたことを読み飛ばしているかもしれませんが、それではうまくいかないことがガーバー氏や私たちの経験から言っても実証されています。ぜひもう一度振り返ってみてくださいね。

仕組み化戦略は、現在、または未来に向けて必要な仕組みを特定し、開発していくための計画を立てることです。仕組み化戦略は「ダブルビジョン」でアプローチします。ダブルビジョンとは、現在と未来という2つの現実を考慮し、決定を行う能力のことです。ダブルビジョンが欠けていると、意思決定はその時々のご機嫌次第で変わってしまいます。ダブルビジョンを実践することで、意思決定が短期的にも長期的にも成長をもたらします。

現状からのアプローチは、属人化、ブラックボックス化、ボトルネック化している業務をなくし、業務の安定性と効果効率の向上を実現することです。すでに誰かが行っている業務を可視化し、分析、改善、標準化、マニュアル化を行います。未来からのアプローチは、理想の会社を描き、実現していくことです。

実際のやり方を見ていきましょう。

①現状からの可視化アプローチ

会社はさまざまなプロセスで成り立っています。たとえば、営業が顧客を獲得すれば、

図表20　業務のプロセスを可視化する

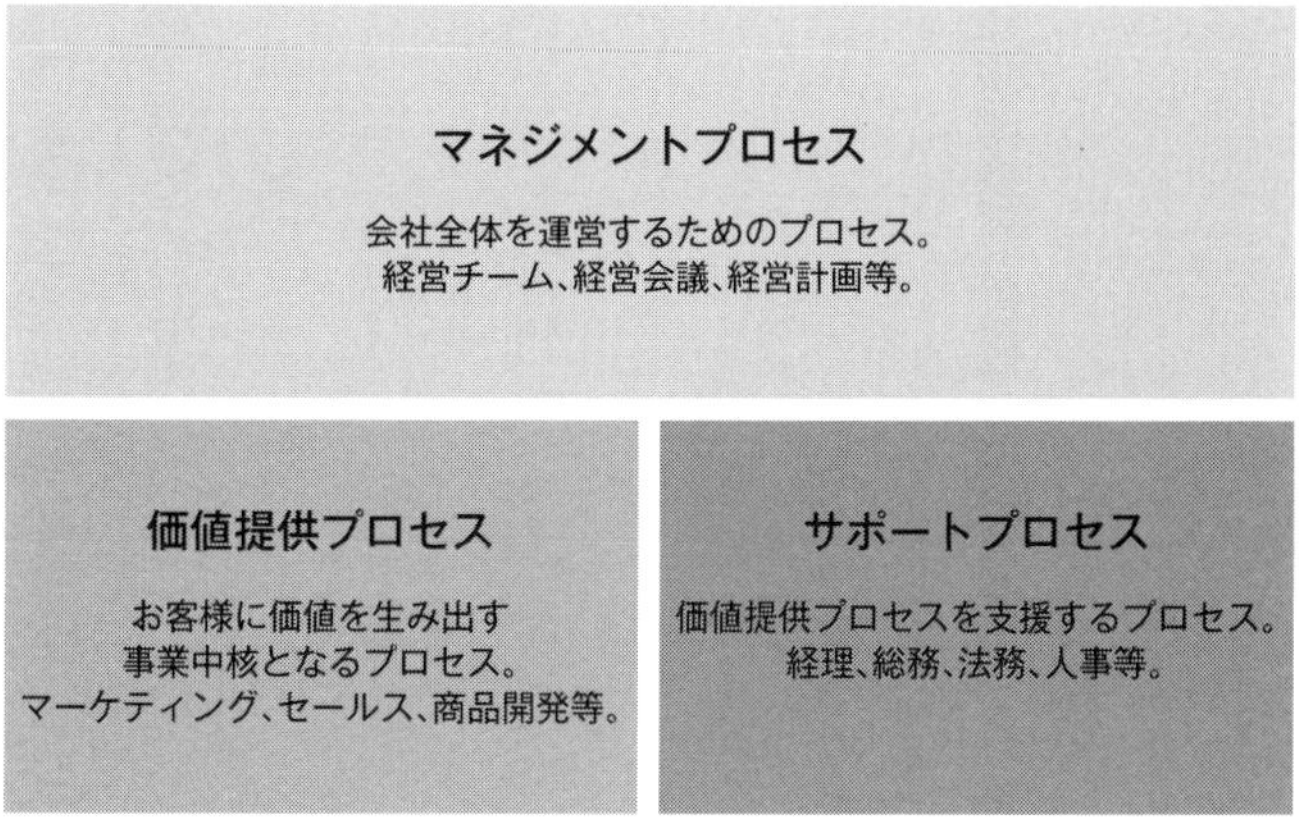

マネジメントプロセス	
会社全体を運営するためのプロセス。 経営チーム、経営会議、経営計画等。	
価値提供プロセス お客様に価値を生み出す 事業中核となるプロセス。 マーケティング、セールス、商品開発等。	**サポートプロセス** 価値提供プロセスを支援するプロセス。 経理、総務、法務、人事等。

その情報を基に法務部が契約書を作成し、カスタマーサポートが顧客の維持を請け負います。このような情報やモノ、お金の流れをプロセスと呼びます。

現在の業務を仕組み化するために、このプロセスを可視化しましょう。これによって、ブラックボックス業務や属人化業務の発見につながり、生産性向上のために改善すべき業務の発見に役立ちます。また、各社員は自分の仕事が会社全体にどう影響を与えているのかを理解し、仕事の有意義性を得ることができます。

会社は大きく分けると、次の3つのプロセスで成り立っています。

- **マネジメントプロセス**……会社全体を運

営するためのプロセスです。経営チーム、経営会議、経営計画、財務などが含まれます。

・価値提供プロセス（顧客との約束を守るプロセス）……お客様に価値を生み出すためのプロセスです。事業の中核となるプロセスで、いわゆる現場の仕事が含まれます。マーケティング、セールス、商品開発などがこれに該当します。

・サポートプロセス（社員との約束を守るプロセス）……価値提供プロセスを支援するためのプロセスです。総務、人事などが含まれます。

まず自社の業務がどのようになっているか、これら3つの箱に沿って洗い出してみましょう。

■現在の業務を評価・分析する

プロセスを可視化すると、特定の個人に依存している難易度の高い業務や、本人しかやり方を知らないブラックボックス業務、そしてやり方が人それぞれ異なる業務、さらにはその人が本来やるべきではない業務などが明らかになります。

これらの業務は、現在の担当者が不在になれば業務が停止したり、一貫性のあるサービス提供に支障をきたすため、とくに優先的に仕組み化すべき対象となります。

前ステップで洗い出した業務を以下の基準に沿って評価してみましょう。

1. その人しかできないブラックボックス状態
2. 業務が可視化、文章化されている（その担当者の知識を書き出しただけの状態）
3. 業務が可視化、文章化されており、引き継ぎ可能（目的に沿って書かれている。コツやノウハウ、判断基準なども網羅されている）
4. 業務改善のための場が定期的に用意されている（業務改善ミーティング、改善アイデアを発議できる環境など）

仕組みの状況をすべて評価したら、チームでその内容を共有しましょう。共有することによって、上司部下、同僚同士の意見の違いを把握することができます。

評価した「仕組みの状況」を基に、仕組み化すべき業務の優先順位付けを行います。優先順位を決めるにあたっては、以下の視点を参考にすると良いでしょう。

図表21　仕組み開発ワークシート（簡易版）をつくってみる

項目	仕組みの状況（1～4）	優先順位（○×△等）

1. **火を消す**

まず目の前の問題を解決するための仕組みから手を付けましょう。ミスが多発している業務や、フラストレーションがたまる業務からスタートします。

2. **火が起こらないようにする**

現在は問題が起こっていないかもしれませんが、将来起こりそうな業務を特定します。ブラックボックスになっていたり、業務量が増えていたり、担当者が離脱したら回らなくなる業務が該当します。

3. **顧客へのインパクト**

顧客への価値が高まる業務の仕組み化に取り組みます。一貫したサービスを提供したり、新たな付加価値につながるサポートなどがこれに該当します。

4．ビジネスへのインパクト

会社の収益につながったり、目標達成につながる仕組み化に取り組みます。新サービス・商品の開発や社員満足度向上、ブランドの構築などがこれに該当します。

優先順位が決まったら、それを標準化します。標準化とは、仕事のやり方を統一し、社内の標準的なやり方として定めることです。そのためには、仕事のやり方をマニュアル化（文書化）する必要があります（マニュアル化についてはあとの章で紹介します）。

■参考――経営リーダーが現場を抜けていくステップ

仕組み化に取り組みたい理由として、〝現場から抜けたい〟ということがあると思います。その場合、どこから手を付ければ良いかをお話しします。現場とは、〝価値提供プロセス〟に相当します。なので、ここからまず整えることで現場抜けが可能になります。

ついでに会社が成長していく流れを見てみましょう。会社の幼少期には、創業メンバーが価値提供プロセスにどっぷりはまっています。自らが集客し、営業し、商品やサービスを届けます。そこがうまく回ってくると人を雇うわけなのですが、自分がやっていたとき

図表22　幼年期→青年期→成熟期に向かうためのサポートプロセス

幼年期

１つの価値提供プロセス
創業メンバーが全部やる

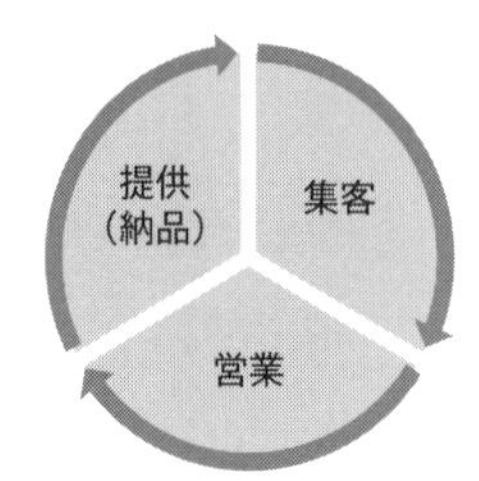

青年期

複数の価値提供プロセス
＋
サポートプロセス

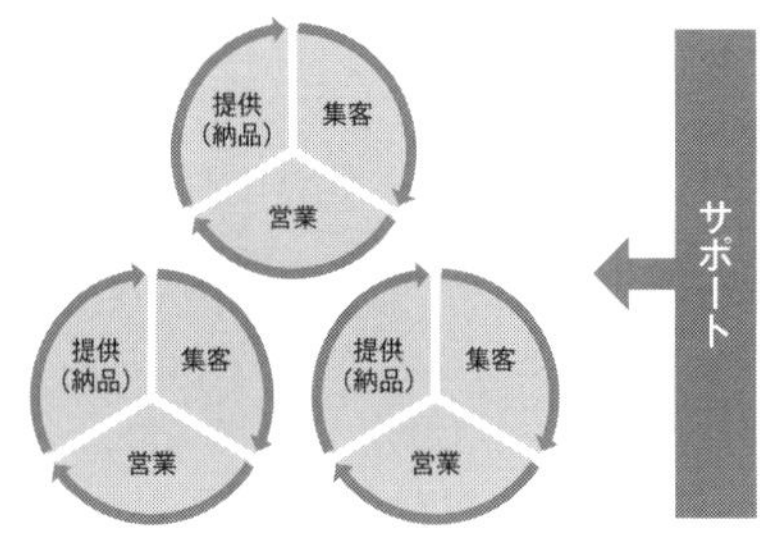

成熟期

複数の価値提供プロセス
＋
サポートプロセス
＋
マネジメントプロセス

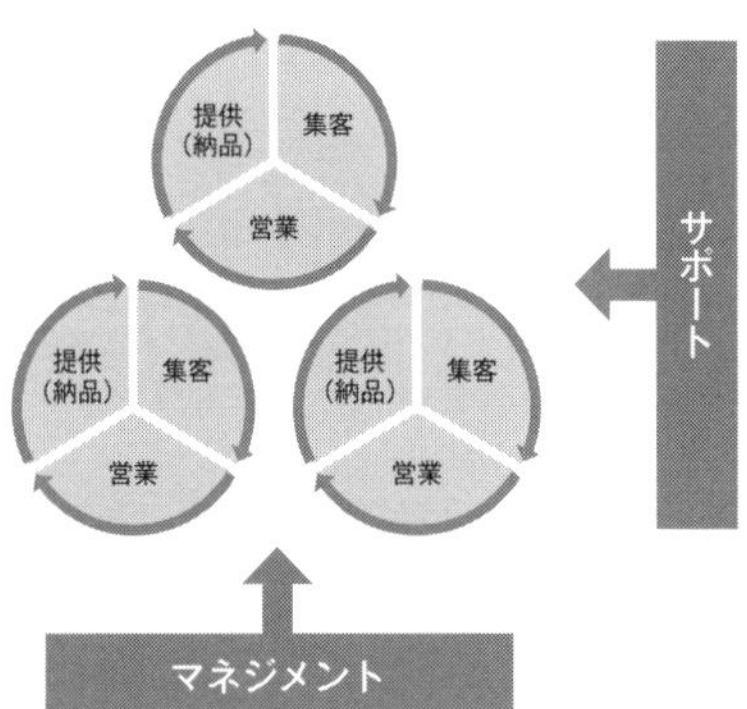

と同じように集客し、営業し、届ける必要があります。そのために、価値提供プロセスを仕組み化するわけです。

これにより、価値提供プロセスが複製されます。人を雇うと、経理的な処理や総務的な仕事、雇用関係の手続きなどが発生します。そこでサポートプロセスを整える必要性が出てきます。こうなってくると、会社は幼少期から青年期に突入していきます。

青年期はこれまで体験したことのないようなトラブルが多発する困難な時期です。青年期から成熟期に向かうためには、会社の理念を共有したり、計画を立案したり、人を育成したりなどのマネジメントプロセスが必要になります。

マネジメントプロセスが機能しだすと、今度はこれまでにつくり上げたプロセスをすべて複製することができます。これが新規事業ということになります。このようにして、個人事業から１つの事業へ、１つの事業から複数の事業へと成長していくことができます。

海外事例――ゴミを集めて年商1000億円を目指す

1-800-GOT-JUNK?という会社は、ブライアン・スカッダモアさんが自己資金わずか700ドルで創業したゴミ収集業です。一気に市場を支配する企業にまで成長させ、その後、"Wow 1 Day Painting"（壁の塗り替え）と"You Move Me"（引っ越し）というブランドを立ち上げ、いまや年商約850億円の企業となっています。

大学生だったブライアン氏は、地元のマクドナルドでチーズバーガーを買うために列に並んでいました。すると、店の近くにトラックがやってきてゴミを回収しているのが見えました。その瞬間、ブライアン氏は、「自分だったらもっとうまくできる」と考えたのです。そして、約10万円で中古トラックを買い、街中を走ってゴミを有料で回収し始めたのです。

2年後、会社の売上は1億円弱にもなっていました。その頃、ブライアン氏はガーバー氏の『はじめの一歩を踏み出そう』に出会います。1冊の本を読み切ることはめったになかったそうですが、この本ばかりはビーチで一気に読み通しました。翌日、会社の会議室でこの本を机に置き、「この本はこれまで読んだもののなかでベストだ。この通りにやろう」と言ったのです。

それからブライアン氏の事業は指数関数的に成長していきました。まずトラックを走らせてゴミ収集して回るという仕事を仕組み化して、トラックの台数を増やしました。それからフランチャイズ化し、年商１００億円を超えるようになりました。

さらに今度は、ゴミ収集事業自体を複製し、トラックを走らせて家庭向けにサービスを提供するという事業つくりました。それが、"Wow 1 Day Painting"（壁の塗り替え）と"You Move Me"（引っ越し）です。こちらも同じようにフランチャイズ化したことで、会社全体が急速に成長していったのです。当然、ブライアン氏の会社が成長すると同時に、フランチャイズに加盟した起業家たちも続々と成功していきました。

ブライアン氏のやったことを汎用的に考えてみましょう。

まず、ブライアン氏自身がやっていたゴミ収集という価値提供プロセスを仕組み化し、複製可能にしました。それをサポートするためのサポートプロセスとマネジメントプロセスをつくったことで、フランチャイズ化が可能になりました。

今度は、ゴミ収集事業でつくり上げた価値提供プロセス、サポートプロセス、マネジメントプロセスという3つを全部複製し、新規事業の壁の塗り替え事業と引越し事業を同じように成功させたのです。

同時に注目したいのは、彼が手掛けている事業はごく平凡なものであるということです。ゴミ収集も壁の塗り替えも、引っ越しも最先端技術を使ったものではありません。そのような平凡な事業であっても、大胆なビジョンやそれを運営する独自の仕組みをつくり上げることによって、非凡な事業になるのです。

ブライアン氏の会社はいま、O2E Brandsという名前になっています。これは、Ordinary to Exceptional experienceの略です。平凡な事業を非凡な事業に、普通の人が非凡な成果を出す仕組みをつくるという意味です。マイケル・E・ガーバー氏が仕組み化を通じて、40年以上にわたって訴え続けてきたメッセージが社名に込められています。

以下、ブライアン氏の言葉を引用しておきましょう。

「私は将来何が起こるかを心に描いていました。ひとたび、明確な青写真を描くことができたならば、そこにたどり着けるのは明白です。いまは1000ミリオン（1000億円）の売上を達成できることを100％信じています。どんな起業家も、リーダーも、明確なビジョンは必要です。もし、私が仕組み化の発想に出会っていなかったら、私のビジネスはいまの半分にもなっていなかったでしょう。人が失敗をするのではなく、仕組みが失敗をするのです。仕組み化したことによって、私たちの会社には、人を非難する文化がなくなりました」

さて、今度はあなたの番です。
あなたの会社が成長するためには、何を複製可能にすればいいでしょうか？
平凡な事業を非凡な事業にするにはどういう仕組みが必要でしょうか？
普通の人が非凡な成果を出すにはどういう仕組みが必要でしょうか？

②未来からのアプローチ

現状からのアプローチでは、「現在誰かが行っている業務」を洗い出し、それを仕組み化することで、目の前に起きている火を消しましょうという話をしてきました。この火消しの段階が終わると、時間的にも精神的にも余裕ができてくるはずです。

そこで今度は、より中長期的な目線に立って仕組み化を進めていくことができます。正直、仕組み化はここからが本番です。ここからは、ビジョンや戦略的目標を決めて導き出した「自社の未来をつくっていくための仕組み」を開発していきます。

これらの仕組みは、必要と感じているものの、まだ社内的に誰も行っていなかったり、やり方がわからなかったり、中途半端に行われているもの、または、そんな仕組みが必要だとは考えてもみなかったものかになります。

ではこれから、ほぼどんな事業であれ、持続成長のために必要となる仕組みをご紹介していきます。ここで紹介する内容を参考に、ぜひ自社独自の仕組みをつくり上げてください。これからの内容も、現状からのアプローチで活用した会社を構成する3つの基本的なプロセスに沿ってみていきましょう。

価値提供プロセス——顧客との約束を守る仕組み

■1. 理想の顧客を明確に定義する

ドリームを発見する段階で、自社の顧客はいったい誰なのかを考えたと思います。それを思い出しましょう。価値提供プロセスは、あなたが誰に貢献したいのか？　誰の夢を叶えたいのか？　からスタートします。理想の顧客は、デモグラフィック（性別、年齢、家族構成、住所など）とサイコグラフィック（価値観、嗜好性など）の掛け合わせで、極めて明確に定義することが大切です。

たとえば、私たちの理想の顧客は以下のような方として決めております。

第一顧客……「継いだ（継ぐ予定の）会社を次代に向けて成長させるために、属人的な業務のやり方を標準化、マニュアル化したい。自分の次の社長への承継に向けて会社のルールや仕組み、制度を明文化しておきたい」と考えている40代の後継社長。

第二顧客……「売上も人も増えてきたが、組織の情報共有や理念共有ができなくなってきており、早期離職や社員の成長スピードのバラつきなど、さまざまな問題が生じている」と考えている創業社長。

■ 2. 顧客との約束を決める

すべての事業は、顧客と約束をすることから始まります。顧客はその約束が守られている期間だけ、あなたの会社の顧客でいてくれます。その約束を守るためにすべての顧客体験の仕組みをつくり上げます。

有名な例を挙げてみましょう。ピザの宅配と言えば、ドミノピザが生み出した「30分以内にお届けできなければ無料」というキャッチコピーが有名です。これはマーケターのなかではつとに有名なキャッチコピーですが、実際には単にうまいキャッチコピーを考えたということではないのです。ドミノピザにとっては、これが顧客との約束であり、すべての業務がこの約束を守るために行われるわけです。

まずドミノピザは、ピザは熱々の状態で食べてもらうことが最もおいしい食べ方であると考えました。そこで「30分以内に届ける」という「約束」を定義しました。では、その約束を実現するためにはどうすればいいでしょうか？

仕組み化の発想がない場合には、ドライバーに道を完璧に覚えさせ、運転テクニックを上達させ……などのように、〝人力によるガンバリ〟で実現しようとします。なかには熟達したドライバーがいて、30分以内に配達できるケースもあるかもしれません。

しかし、新人が宅配したら1時間もかかるというのでは「再現性のある仕事のやり方」とは言えません。つまり、これは30分以内に届ける仕組みができているとは言えないのです。いつでも誰でも30分以内に届けるためには、宅配を「再現性のある仕事のやり方」にする必要があります。

そのためドミノピザでは、「届け先に近い場所に店舗があればいいのでは?」と考え、商圏を小さくし、店舗数を増やす方法を採りました。届け先が近ければ、新人ドライバーが安全運転しても30分以内に届けられます。つまり、「再現性のある仕事のやり方」ができたのです。

まとめると、ドミノピザの宅配の仕組みは、30分以内に届けるという約束を実現するために、商圏を小さくした出店戦略を実施する（これは世界中で複製可能）ということになります。

これにより、個人のガンバリに依存することなく、成果が出るようになっているわけです。

顧客との約束は、以下の4つのカテゴリーに分けられます。

機能的約束……製品やサービスの機能面での約束です。たとえば、自動車メーカーが

「この車の燃費は15キロ／リッターです」と約束すること。

感情的約束……顧客に与える感情面での約束です。ラグジュアリーブランドが「特別な思い出に残る体験をご提供します」と約束すること。

視覚的約束……顧客の目に映る視覚面での約束です。レストランが「上質な空間でお食事いただけます」と約束すること。

財務的約束……お金の面での約束です。家電量販店が「3年間は無料で修理します」と約束すること。

こういった多様な約束を企業は顧客に対して行い、その約束を果たすための仕組みづくりが事業の根幹となります。

大切なことは、顧客があなたに期待する約束は、あなたが明言した約束だけでなく、他社との比較によっても形成されるということです。顧客はほかの会社での経験を基準にして、あなたの会社を判断します。たとえば、高価なレストランでは、顧客は高価な分だけ高いサービスや清潔な環境を期待するものです。つまり、会社が明言していなくても、顧客は「これくらいは当然」と思う部分があるということです。

そのため、あなたが明言していようがしていまいが、顧客はあなたと約束したと考えることがあります。そういった暗黙の約束も踏まえて、自社の顧客体験を設計することです。

何を約束するかによって、店舗のしつらえから、顧客に話す言葉、制服の色や形、業務プロセスなどあらゆることが決まってきます。したがって、まず自社はお客様に対して何を約束しているのかを明確にすることが欠かせません。

約束はあなたの想いやドリームから生まれる自社独自のものであり、したがって、それを表現する仕組みも自社独自のものになります。

これによって、〝どこを切ってもその会社らしい〟というような会社ができるのです。私はこれを「金太郎飴理論」と呼んでいます。人は、自分が気に入った同じ体験を届けてくれる会社の商品やサービスを使います。それが業績へとつながっていきます。スターバックス、ディズニーなど偉大なビジネスは〝どこを取ってもその会社らしい〟という特徴がありますね。だからまた買いたくなるのです。

私たちがそういった会社の真似をするためには、会社の仕組みに一貫性が必要になります。

・どこの店舗に行っても同じ体験ができる

・誰に対応してもらっても同じ体験ができる
・いつお願いしても同じ体験ができる

というように、どこをとっても、〝その会社らしい〟ことを顧客や社員が感じることができ、多くの人を魅了する会社になります。

トルストイの名作小説『アンナ・カレーニナ』の冒頭にこんな言葉があります。

「幸せな家族はいずれも似通っている。だが、不幸な家族にはそれぞれの不幸な形がある」

これの意味するところは、幸せな結婚生活を送るには、多くの条件をクリアしないといけないということです。会社経営もこれとまったく同じです。価値の高いブランドをつくろうと思ったら、さまざまな要素を整合させていかなければならず、どれか1つでもつじつまが合わないことがあると全体の歯車が狂ってしまいます。

たとえば、評判の良いレストランに行ったとします。店内の雰囲気も良い、料理も評判通り、スタッフの対応も素晴らしい。しかし、会計のときになって、ぞんざいな対応がされたという体験をすれば、そこが原因になり、全体の印象を一気に落としてしまいます。そうならないように、どこを切っても自社らしい対応を仕組みにしていくことが大切なのです。

●顧客との約束は一見、明確でないこともある

「顧客との約束」は、一見自社にとって明白に思えても、実は顧客視点から見るとそうでない場合があります。自社が考える約束と、顧客が選んでいる約束は必ずしも一致しないのです。

デザイナー出身の社長が立ち上げたウェブサイト制作会社の事例をご紹介します。

彼らは長年の経験から、自社が選ばれる最大の理由は〝売れるデザイン〟を提供できる点にあると考えていました。そのため、新規顧客開拓の際も、自社のデザイン力の高さをアピールし続けていたのです。

しかし、実際にリピート顧客数社に「なぜ私たちを選んでくれているのか？」と尋ねてみると、思いがけない答えが返ってきました。顧客を惹きつけていた最大の要因は、彼らの〝スピーディな納品〟であって、デザインの良し悪しではなかったのです。他社に頼めば1週間はかかる要件でも、この会社なら数日で対応できるスピード感が顧客の心を掴んでいたということがわかりました。

この事実が明らかになったあと、彼らは徹底的にスピード対応に注力することに決めま

した。社内の仕組みづくりを一新し、さらなるスピードアップを実現していったのです。その結果、ウェブ上でプロモーションを頻繁に行うクライアント層からの支持を確実なものとし、他社への浮気を許さない存在となることができました。

仕組み化のためのエクササイズ10

あなたの理想の顧客を明確に定義してください。

その顧客に対する約束を4つのカテゴリー（機能、感情、視覚、財務）で考えてください。

3．集客&販売を通じて顧客との約束をする

集客とは、自社の商品やサービスを購入する可能性のある潜在顧客を見つけ出し、自社の目の前に連れてくることを指します。つまり、潜在顧客に自社の存在を知ってもらい、

図表23　砂時計モデル

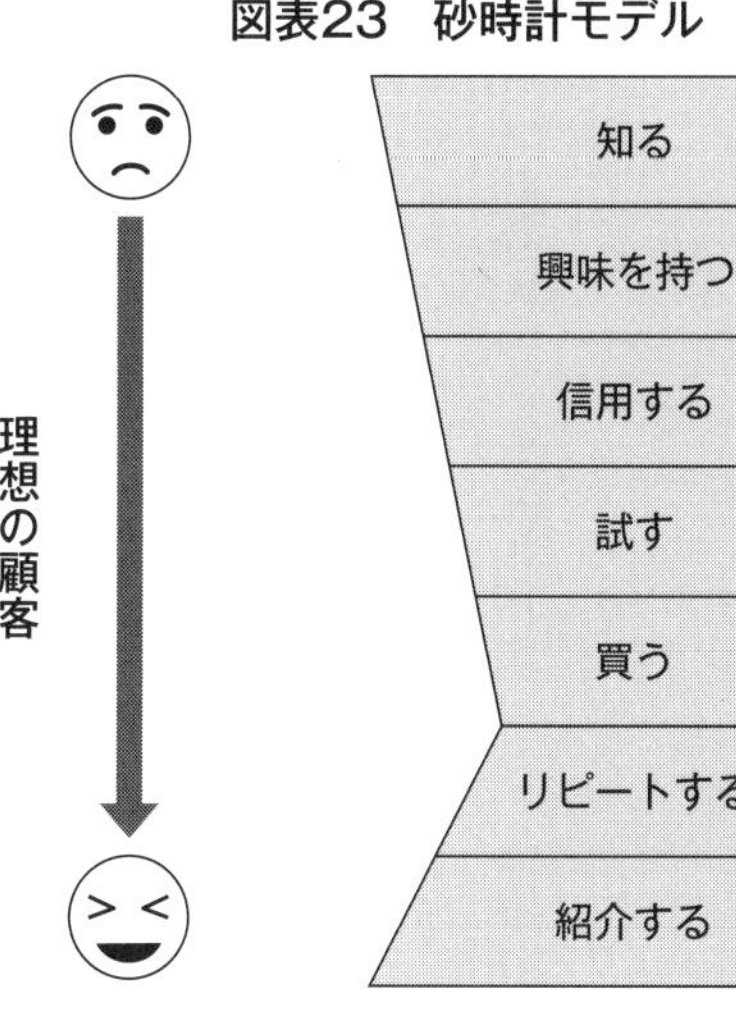

商品やサービスに興味を持ってもらうプロセスが集客活動になります。

いっぽう、販売とは集客によって見込み顧客を目の前に連れてきたあと、意思決定を支援し、成約に導いていくプロセスを指します。集客で顧客を自社まで連れて来ても、うまく販売活動ができなければ購買につながりません。

つまり、集客と販売はお客様との接点を生み出す重要な2つの活動であり、その過程において、実際に顧客との約束をするわけです。

集客・販売では「砂時計モデル」を活用します。これは、顧客が「自社の存在を知る」ステージから始まり、「興味を持つ」「信用する」「商品・サービスを試す」「購入する」

「リピート購入する」、そして最終的に「新規顧客を紹介する」までの一連の７ステップで構成されています。

通常のマーケティングファネルは購入までの流れを示しますが、砂時計モデルは購入後のリピーターづくりや新規顧客の紹介までを含む全体像を砂時計の形で表現しています。従来のマーケティング活動は新規獲得に終始しがちでしたが、砂時計モデルでは、その先の顧客生涯価値（ライフタイムバリュー）の最大化までを見据えた戦略立案ができます。

砂時計モデルがうまく機能すれば、自社の広告などの努力（砂時計の上部）による新規開拓数よりも、砂時計の土台である紹介からの新規開拓数が大きくなります。これによって売上に占める広告宣伝費が減り、生産性が高まります。

砂時計モデルによる集客と販売を仕組み化するには、各ステージにおける「活動」「ツール」「指標」を設定します（図表24）。

活動………各ステージにおける会社側の活動です。たとえば、知ってもらうために何をするか？　ポスティングやＳＥＯなど事業モデルによってさまざまな活動が考えられます。

ツール……活動を属人化させないためのツールを考えます。たとえば私の場合、見込み顧客とは、最初に個別相談を行うのですが、属人化させないための資料のテンプレート、相談の進め方のガイドラインなどを記載したマニュアルがあります。

指標……それぞれのステージで測定すべき指標を決めますが、次のようなものが挙げられます。

- 顧客獲得コスト（CAC）
- 平均生涯価値（LTV）
- 成約率（リード獲得からの成約率、ランディングページからの購入率、商談からの成約率など）
- ウェブサイトのトラフィック
- 広告の投資効果（広告からの売上÷広告費）
- 広告の投資回収期間（CAC÷月間LTV）

これらの要素を先に述べた顧客との約束に基づいて設計します。たとえば、先ほどのウェブ制作会社の例で言うと、「スピーディな納品」が顧客との約束でした。すると、活動においては、なるべくムダなプロセスを省き、顧客がすぐに発注できるようにすることが

図表24　砂時計モデルに基づいて、活動、ツール、指標を決めてみる

		活動	ツール	指標
1	知る	例：ポスティング、SEO等	例：チラシ、ブログ記事等	例：チラシ配布数、ウェブサイトトラフィック等
2	興味を持つ			
3	信用する			
4	試す			
5	買う			
6	リピートする			
7	紹介する			

大事です。

ツールにおいても、わかりやすく、入力の手間が少ない申込書が必要かもしれません。指標としては成約率だけではなく、見積提出までのリードタイムなどが大切になってくるでしょう。

■4．商品／サービス設計を通じて顧客との約束を果たす

優れた商品、サービスが必要なのは言うまでもないですね。優れた商品、サービスは顧客にとって役に立つだけではなく、社員にとっての自信や誇りになります。私が営業職をしていたとき、〝販売とは売り手から買い手への情熱の転移である〟、という言葉を覚えました。まずもって、販売のためには売り手

が情熱を持っていなければなりません。

では情熱はどこからくるかというと、自分が扱っている商品に対する自信なのです。これを買ってもらわなければお客様が損するというくらい便利で質の高い商品を売っているという自信がなければ情熱は生まれず、したがって、それを見込み顧客に転移させることもできません。

顧客に対する敬意は、礼儀正しく振る舞ったり、嘘をつかなかったりということだけで示されるのではありません。顧客との約束が何かを考え、それを守るための商品をつくり上げることで行動として敬意が示されます。いまある商品サービスについて、以下の要素を考え、改善してみましょう。

もしかしたら、いまの商品を改善するだけでは、理想的な商品ができないかもしれません。そうなると、それが新商品開発の機会となります。

●その商品がどんな機能を満たすべきか（機能的約束）

その商品は顧客にどんな機能を提供するのか？　家具や服などの物理的な完成品であれば、その答えは明確でしょう。サービス業の場合にはイメージしにくいかもしれませんが、私たちのようなコーチング、研修サービスの場合、オンラインで参加できる、社員の方々も参加できる、いつでも自習できるなどの機能が考えられます。

●持ったときや使ったときにどういう感情になってもらうか（感情的約束）

安心感、癒しなど顧客に抱いてほしい感情です。私たちの例であれば、課題が解決できるイメージが湧く、はじめの一歩を踏み出したいと思うなどになります。

●どんな見た目やビジュアル要素が必要か（視覚的約束）

視覚的約束は私たちが想像するよりも顧客の行動に影響を与えます。ある種の色、形、香りは顧客に無意識のうちにポジティブ、またはネガティブな影響を与えます。

たとえば米国では、ベトナム戦争以後20年間は、男性向けに緑系の服を販売することは難しかったそうです。緑の服というのは、戦時中の迷彩服をイメージさせてしまうため、男性にとっては着るのがためらわれる色だったのです。私の場合には、ウェブサイトなどには、鉄紺（てつこん）（日本の伝統色）、黒、四角などのオーセンティックな視覚要素を用いることになっています。

●いくらでどんな支払方法が必要か（財務的要素）

これはわかりやすいですね。私の場合には、仕組み化のために〝自社の管理職の時間を使うよりも安いコスト〟で導入できるような価格を設定しています。

■参考――誰でも売れる、誰でも提供できる標準サービスをつくる

商品設計について、とくにサービス業に特化した話をします。物理的な商品を販売している場合にくらべ、サービス業は属人化しやすく仕組み化しにくいという問題があります。私たちのようにコーチングを提供している場合でもそうです。

起業当初は、顧客からの要望1つひとつに対応し、できる範囲でサービスを提供していきます。時間の経過とともに、顧客の要望はますます高度化・複雑化していきます。新しいニーズが次々と生まれ、それに対応できなければ顧客は離れていってしまう恐れがあります。

それに応えるべく、サービスメニューをさらに拡充し、より高度な専門性が求められるようになります。結果として、提供できるサービスが多様化・複雑化していきます。すると、それを標準化し仕組み化することが困難になります。ベテラン人材のノウハウに頼らざるを得ず、新人教育にも時間がかかり人材育成が難しくなってしまうのです。

このように、顧客対応を重視した結果、次第にサービスが複雑化し、標準化が困難にな

り、事業がスケールしにくくなります。

この問題を解決するための方法が「標準サービス」です。この概念について理解していただくために、マイケル・E・ガーバー氏の本に書いてある事例について見てみましょう。


米国で建設業界で名を馳せている職人集団がありました。その職人集団はボスをはじめとして、身体が大きく、丈夫で他の会社とは一線を画す仕事ぶりでした。ただあるとき、ボスが自動車事故で重傷を負い、現場仕事ができなくなりました。それでもスタッフたちが頑張り、会社はなんとか運営を続けました。闘病生活中のボスは突然スタッフを呼び出します。そして、「みんなに謝りたい」というのです。〝いままで自分の体力を使って仕事をしてきたが、こんな状態になってしまった。いままでの自分のやり方が悪かったんだ〟。

そして、これからは自分の身体的能力を過信せず、従業員にも自信と誇りを与えられるようなビジネスを始めることを決意するのです。2年半の検討の末、キッチンに特化した改築ビジネス「スリー・デイズ・キッチン」を立ち上げました。完璧な品質で3日間でキッチンを改築できる仕組みを編み出し、徹底的な練習を重ねました。そして最初の顧客からも高い評価を得て、新しいビジネスが軌道に乗りました。

これまで、彼らは自分の職人能力を頼り、ありとあらゆる仕事を請け負ってきました。しかし、事故という不幸をきっかけとして、ありとあらゆる仕事を請け負うのではなく、自社が完璧にこなせる1つのサービス、つまり、〝標準サービス〟をつくり上げました。

このように標準サービスを決めれば、やるべき業務が非常に絞り込まれます。それによって人材育成も容易になり、サービス内容が洗練されていきます。あれもこれも中途半端にやる、という状態から1つのサービスを極めて上手にやるという状態になるのです。

標準サービスでは、顧客が得られる結果、そこに至るプロセス、納期、金額を明確にします。最終成果物を標準化することによって、それを提供するプロセスも標準化できるのです。言い方を変えると、サービスを物理的商品のように売れるようにするわけです。これによって、サービスは仕組み化しやすくなり、スケールしやすくなります。顧客、社員、会社、それぞれが明確な約束のもとに事業を運営できるようになります。

サポートプロセス——社員との約束を守る仕組み

■1．理想の社員像を明確にする

顧客との約束を守るために最初に決めるべきなのが理想の顧客像であるのと同じように、社員との約束を決めるにあたって理想の社員像を決めます。社員との関係性は採用活動から始まるため、正確には理想の社員候補者像を決めます。

一般にはスキル重視型で採用が行われることが多いですが、会社の文化を大切に保つには、コアバリューが合うかどうかも忘れてはなりません。スキルは担当する職務によって異なりますが、コアバリューは全職務共通なので、コアバリューに共感できるかどうかで判断します。

ここでよく聞かれる質問は、コアバリューに合う人だけ採用しては、多様性が失われてしまい、イノベーションの妨げになるのではないか？　というものです。

この質問に対する答えは以下の通りです。

社員のスキルや背景には多様性があったほうが良いですが、コアバリューの多様性は避

図表25　「理想の社員像」を決める

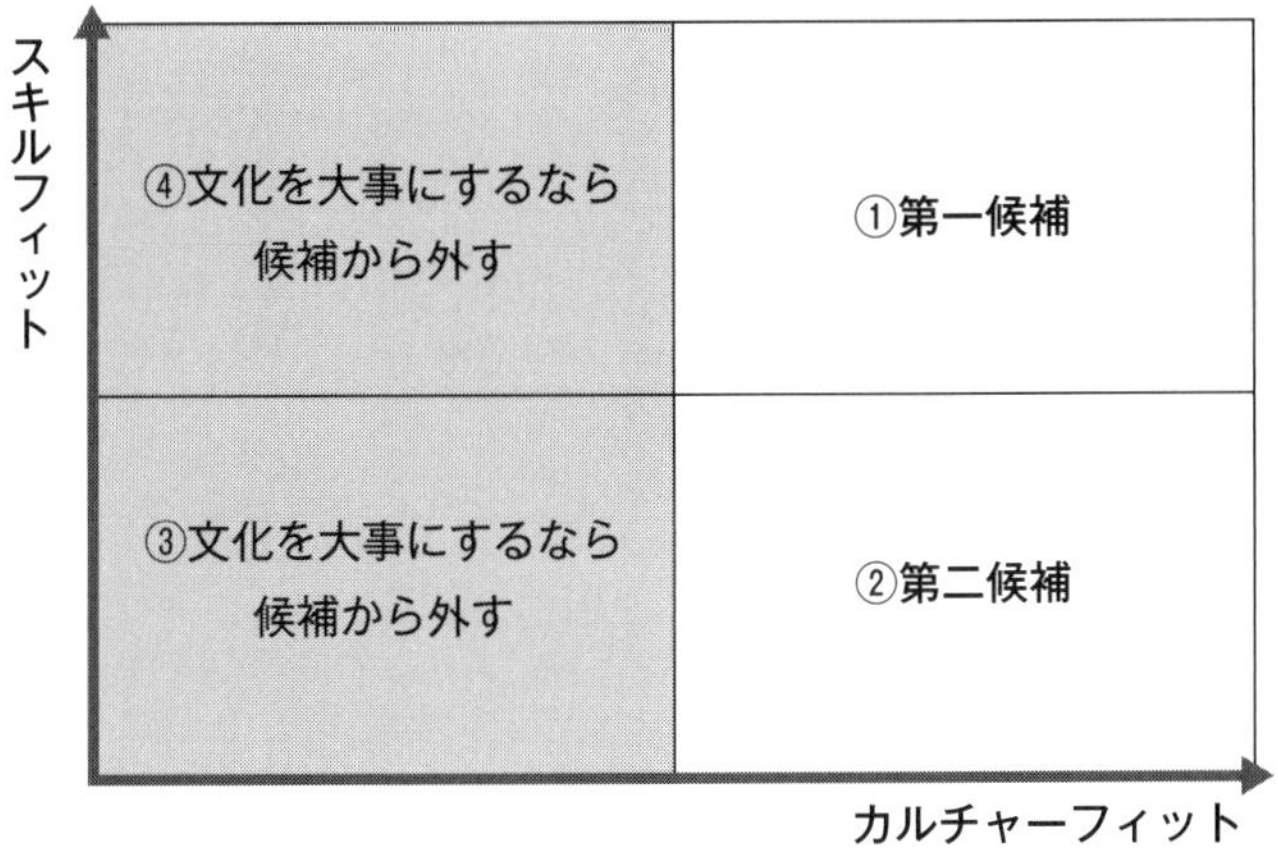

スキルフィット ↑		
	④文化を大事にするなら候補から外す	①第一候補
	③文化を大事にするなら候補から外す	②第二候補
		カルチャーフィット →

けるべきです。

経歴や年齢、性別、人種等の多様性は認めるべきだが、何を正しいと考えているか？　という価値観は合っていなければいけないということです。

はっきり言って、中小企業において価値観の多様性は組織を壊します。社会全体では価値観の多様性が許されるとしても、同じ目的に向かう組織内においては許容しないほうが良いでしょう。

それを踏まえて、採用優先順位は次の通りになります。

①第一候補。

②入社してからスキルを伸ばせる余地があるか？　教える仕組みがあるか？　イエ

スであれば採用する。

③④文化を大事にするなら候補から外す。

仕組み化のためのエクササイズ11

あなたの理想の社員像を明確に定義してください。

■2. 社員との約束を決める

社員との関係性も顧客との関係性とほぼ同じです。彼らはあなたの会社と何らかの約束をし、その約束が守られている期間だけ、あなたの会社に在籍してくれます。「うちの会社に入ればこうなれますよ」という約束をしているにもかかわらず、それを守るための仕組みが何もないと人の問題に悩まされ続けます。

社員との一番低次元な約束は給与などの待遇面です。この時間だけ働いてください。そうすればこれだけのお金を支払いますということです。これは最低限の約束であり、十分ではありません。顧客にした約束と同様、社員との約束も以下の4つのカテゴリーで考えられます。

機能的約束……仕事を円滑に進めるための職場環境、役割と責任範囲の明確化、成長機会の用意、効率的な業務プロセスの構築などが挙げられます。

感情的約束……働きがいを感じられる仕事の与え方、上長・同僚からの信頼と尊重、チームワークの良い職場などが挙げられます。

視覚的約束……理念の明確な発信、誇りが持てるブランドイメージの構築、オフィス環境の快適性と機能美の追求、社員のロールモデルとなる経営陣の姿勢などが挙げられます。

財務的約束……適正な報酬の支払い、福利厚生制度の充実、公正な評価・昇進制度、長期的な収益力で支えられた安定的な雇用などが挙げられます。

これらの４つの約束が求人メッセージになります。大切なのは実態に即したメッセージをつくることです。求人メッセージで期待値を高めれば応募数は増えますが、入社後に感じる実態とのギャップは大きくなり、早期退職の理由となってしまいます。いっぽう、メッセージを控えめにしすぎれば応募数が減り、必要とする人数が集まらなくなります。

採用に困っている多くの会社が待遇面だけを気にしています。うちの会社は大手ほど給与を出せないからなといった具合です。しかし、待遇で寄ってきた人は、待遇で去っていきます。ほかにもっと良い待遇の会社があればそちらに逃げていくのです。中小企業には中小企業にしかできない約束があります。それを生かすのです。

そもそも、社長が求めるような人物というのは世の中に非常に少ないわけです。その少ない人たちは、たいていの場合、大企業を目指します。

ですから、まず自社の分を知らなくてはなりません。自社の分とは、採用市場における自社の立ち位置のことです。採用市場において、私たちは大企業と伍して戦わないといけないのです。松下幸之助氏も言っていますが、結局、会社には分に合った人しか定着しないものです。つまり、自社の社格というようなものを高めていかなければ、世の中において優秀とされるような人は来ないものです。

それを認識したうえで自社の魅力を見極め、打ち出すことです。私は大企業とされる会社、中小（ベンチャー）の両方に勤めた経験がありますが、中小企業が大企業よりも優れている点は、以下のような点でしょう。

将来性と出世の速さ、仕事の幅の広さによる成長の速さ、社長と距離が近いことによる意見の通りやすさ、これから成長していこうという意欲。

実際のところ、世の中には人はたくさんいます。彼らはいい仕事を探し、成長したいと考えています。しかし、あなたの会社に夢がなければ、ビジョンがなければ、あなたの会社に魅力を感じないのです。

社員との約束を考えるにあたって、以下の質問を考えてみてください。自分で思いつかなければ、いまいる社員に聞いてみましょう。

仕組み化のためのエクササイズ12

社員との約束（求人メッセージ）を考えてみましょう。

- あなたの会社の何が魅力的に映りますか？
- その仕事の何が魅力的に映りますか？
- 同種の会社と比べて、あなたの会社は何が違いますか？
- 使える、またはこれからつくる映像や写真を挙げてください。
- あなたの会社に20年在籍したらどんな能力やキャリアが身につきますか？
- 会社の環境にどんな特徴がありますか？
- 使える社員の声はありますか？　ない場合、どのようにしてつくりますか？

- 独自の人事制度を挙げてください。
- 信頼できる会社であることの証明を挙げてください。
- どんな人に向いていますか？
- どんな人は向いていませんか？

●採用活動で約束を交わす

採用の段階で会社は（将来の）社員と約束を交わすことになります。会社側は、このような仕事や環境、待遇ですと約束し、将来の社員はそれに同意し採用が決まります。仕組み依存の会社に変えていくにあたって、ぜひ覚えておいていただきたい考え方があります。それは、「前工程の間違いは後工程で直すのが非常に難しい」ということです。人事に関わる仕組みで言うと、育成というのは採用の後工程になります。したがって、採用の間違いは、入社後の育成で取り戻すのが非常に難しいのです。だから慎重に行う必要があります。

●採用活動によくある危険な考え方

何十万円、何百万円と求人活動に投資したものの、１人も採用できない。採用できたもののすぐに辞めてしまった。こんな経験がありませんか？　実はこれら採用コストは、仕組み不在によって生じる最たるコストなのです。言い換えれば、正しい仕組みづくりによって数十万、数百万円の「見逃している利益を得る」ことができます。

とある会合で小さな不動産会社の社長が、こんなことを言っていました。「パートを募集したら、スゴイいい人が来たんだよね。〇〇大学卒業してて。この人に頑張ってもらえれば自分の仕事がだいぶ楽になると思うんだ」

この発言に私は一抹の危うさを感じてしまいました。なぜなら、これは人依存経営の典型的な思考パターンだからです。でもそれほど親しくもない社長だったので何も言いませんでした。

数カ月後、同じ会合があり、その社長がその後のいきさつを話してくれました。

「１カ月も経たずに辞めちゃったんだよね。いろいろ教えたんだけど、そこまでやる気がなかったみたい」

やはり、という感じだったんですが、それももちろん言いませんでした。結局、この社長は求人コスト（広告費など）と教育コストをムダにし、また新たに採用するコストを払わなくてはいけないわけです。少なく見積もっても１００万円はかかっているでしょう。

このようなことになってしまうのは、人依存の会社によくある間違いを犯してしまっているからです。

●①優秀な人材さえいれば会社は成長する

この考え方は人依存の典型例です。優秀な人材の定義は会社によって異なります。A社が求める優秀な人材は、B社が求める優秀な人材とはまったく異なる可能性があります。会社が求める人材像を明確に定義しないと、本当に必要な人材を見つけられません。単に〝優秀〟という抽象的な指標だけでは不十分なのです。採用目的に合った具体的な要件を設定する必要があります。誰を探しているのかを知らなければ、誰も見つかることはありません。

●②うちで活躍できるかどうかは本人次第だ

多くの会社では、その人が会社に馴染めるかどうかが、〝**本人次第**〟という扱いになっています。だから、いい人が入ってくれたなと思っても、放っておくと数カ月で辞めてしまうケースがあります。そうならないように、彼らが会社と仕事に馴染めるような仕組みが必要なのです。

スタンフォード大学教授であり『隠れた人材価値』の著者であるチャールズ・オライリー教授は、「重要なのは資質よりもむしろ環境なのである。この点を多くの企業が悟れば、『大切なのは一流の人材を採用することだ』という神話は葬り去られるに違いない」と指摘しています。

本人次第という他力本願ではなく、**自社の仕組み次第**という自力本願にすることが大切です。そう自覚できたとき、初めて自社の改革や改善が可能になります。

●③行き当たりばったりな採用活動

うちの会社は毎年○人採用しているから今年も同じようにやろう、忙しくなってきたから人を雇おうといったような無計画で採用をしている会社もあります。採用活動は先述した「組織戦略」に基づいて計画的に行う必要があります。ただ単に人が足りないからという理由で、急いで採用を行えば、自社にマッチしない人材を雇ってしまう恐れがあります。

こういった間違いを犯さないために、組織戦略から導き出した採用計画や、以下に述べる選考プロセスを明確にしておきましょう。

●採用選考の流れを設計する

採用活動は、集客や販売の考え方と何も変わりません。商品は「会社」と「仕事」であり、顧客が「採用候補者」です。先に砂時計モデルをご紹介しました。採用活動においても同じように、求人から採用決定に至るまでの流れを設計してみましょう。

選考の流れを設計する際に検討すべき事項は次の通りです。

- 説明会はやるか？
- 面接は何回か？
- 内定後の流れは？
- 信用照会はやるか？
- 適性検査はやるか？
- 社内ツアーはやるか？
- その他、選考に必要なイベントは？

■3．採用活動で約束を交わす——会社説明会

会社説明会は、営業で言うところのプレゼンテーションです。採用候補者は自社のこと

図表26　求人から採用決定までの流れ

マーケティングと求人の流れの比較

	マーケティング	求人
認知	広告、ＣＭ等で見る	求人広告、HPなどを見る
興味	商品やサービスに興味を示す	仕事内容や会社に興味を持つ
欲求	自分に必要だと思う	入社したら成長できそうだ、自分に合いそうだと思う
行動	購入する	入社する

マーケティングと求人に必要な要素の比較

	マーケティング	求人
商品	良い商品／サービス	魅力的な仕事内容、会社
顧客	購入者	求職者／潜在求職者
メディア	SNS、サイト、チラシ等	求人サイト、自社HP、紹介等
メッセージ	セールスレター	求人メッセージ

図表27　会社説明資料に必要な要素

会社概要	企業文化	求人情報	給与・福利厚生
・会社概要 ・基本情報 ・経営陣紹介 ・創業者の想い ・理念体系 ・事業概要（事業ドメイン、提供商品、サービス等） ・組織図 ・今後の展開	・自社の文化 ・自社の魅力 ・自社の課題 ・会社の風景／写真 ・福利厚生 ・オンボーディング	・募集ポジション ・こんな人と働きたい ・こんな人と働きたくない ・業務の詳細（役割・業務内容・使用する技術／ツール） ・メンバー紹介	・給与例 ・昇級 ・退職率 ・評価 ・選考プロセス ・社員満足度／エンゲージメントスコア等 ・よくある質問

をあまり知らないで面接にやって来ることがあります。そうすると、たとえ採用に至ったとしても〝入ってみたらなんか違った〟ということになり、早期退職になりやすくなります。

これは非効率的です。そこで、まず会社説明会を行い、自社のことをきちんと知ってもらったうえで入社してもらいます。一見、手間が増えるようですが、ミスマッチが減るので実は効率が良いのです。最近はオンラインで説明会を行う会社もありますし、詳細な会社紹介資料をオンライン上に公開して、説明会の代わりにしている会社も増えてきています。

どのような形で行うにしろ、図表27のような要素が含まれた会社説明資料をつくっておくと良いでしょう。

■４．採用活動で約束を交わす――面接

採用のなかでも面接は属人化しやすい業務と言えるでしょう。面接官個人の主観に左右されないよう、客観性を保つことを目標に仕組みをつくります。

米国の大手ＥＣ企業ザッポス社は、企業文化を非常に重要視していることで知られています。そのため、同社の人事評価や選考活動においては、候補者が自社のコアバリューに合致しているかどうかが大きな判断基準となっています。ザッポス社では10個のコアバリューが存在し、候補者がそれぞれのコアバリューに近しい価値観を持っているかを判断するための質問例集が用意されており、採用活動に活用されているのです。

https://www.shikumikeiei.com/how-to-interview-for-culture-fit

複数回の面接を行う場合には、１回目ではカルチャーフィットを確かめる質問、２回目では能力や経験を問う質問など何を判断するための面接なのかを明確にし、その目的に沿った質問集を用意しておくと良いでしょう。

●評価シートの作成

あらかじめ候補者のどこを見るか（評価項目）を設定しておくことで、面接の仕組み化が促進されます。評価項目はコアバリューや職務ごとに求められる能力などによって決定します。ただし、仕組み依存の会社を目指す場合、どの職務であっても共通して求めるべき、項目があります。

それが「初心者の心」です。「素直な心」と言い変えても良いでしょう。仕組み依存の会社では、自社の仕組みに沿って働いてもらうことが大切になります。にもかかわらず、〝前の会社では違うやり方でやっていたから……〟、〝私のポリシーに合わないから……〟といった理由で、彼ら独自のやり方で仕事をされてしまっては、いくら仕組みをつくっても、人依存の会社に逆もどりです。ですから、自社の仕組みに沿って働き、成長することに同意してもらわねばなりません。

禅マインド・ビギナーズマインド……初心者の心には多くの可能性があります。しかし専門家といわれる人の心には、それはほとんどありません。

図表28　選考の流れと必要なツール、指標を設定してみる

選考の流れ	必要なツール	指標
例）面接	面接質問集、評価シート、面接案内文	面接参加率

●採用／不採用通知

採用が決定した場合に送る手紙はあらかじめ用意しておきましょう。手紙には自社の文化を表すようなメッセージ性を付け加えるのも良いアイデアです。先ほどのザッポス社では、採用通知を靴の空き箱に入れて送っていたそうです。

また、残念ながら採用に至らなかった候補者への手紙も欠かせません。彼らは今後、同じ業界の会社に入社して顧客やビジネスパートナーになる可能性もありますし、消費者向けのビジネスをしているのであれば、自社商品のファンになってくれる可能性もあるため、対応がおろそかにならないよう注意することです。

■5. オンボーディングで最初の約束を守る

オンボーディング（Onboarding）とは、新入社員が社内で良好な人間関係を構築し、生産性を上げるための仕組みです。採用時に交わした約束を体感してもらう最初のタイミングと言えます。

オンボーディングは通常、内定を出した段階からスタートし、入社後1年間にわたって行われます。もともと船や飛行機などの乗り物に乗るときに使う言葉ですが、新入社員を会社という乗り物にうまく乗せるための言葉として使われています。多くの会社では、まだ新入社員が船に乗り切っていないのに出発してしまっています。だからポロポロと離脱してしまうのです。

従来型の入社イベントでは、書類の手続きや簡単なオリエンテーションに終始するのに対し、オンボーディングでは新入社員の自己効力感（この会社でやっていけるという自信）を高め、自分の役割を明確に理解し、会社特有の文化（価値と規範）を身に付けることに重点が置かれます。

従来型の新入社員受け入れとオンボーディングの違いは以下の通りです。

オリエン型、研修型においては、その新入社員が会社に馴染み、定着し、活躍できるか

図表29　オリエン・研修型からオンボーディング型へ

オリエン型

入社日に新入社員が書類を記入したり、福利厚生の情報を受け取ったり、システムへのログイン情報を受け取ったりする手続き的な形である。通常は半日から 1 日かけて簡単な会社紹介のオリエンテーションを受けたあと、現場に放り出され、あとは上司の OJT に任されることになる。

研修型

オリエンテーションに加えて、新入社員研修が行われる。主には会社の文化を学ぶための理念研修や、基本的スキルを学ぶ研修が用意される。通常は 1 週間程度のプロセスであり、新入社員が会社に馴染めるかどうかは、やはり現場の上司や同僚次第となる。

オンボーディング型

新入社員が会社に馴染み、十分な生産性を発揮できるようにするための仕組みが用意されている。会社全体で新入社員を歓迎する文化が出来ており、通常は 90 日間の集中的オンボーディング期間、それ以降 1 年間にわたるフォローアップが用意される。

図表30　オンボーディング全体像の設計例

時　期	内　容
内定時~入社前	• 入社予定日や連絡先の共有 • 会社概要や理念、各部門業務内容の資料送付 • 社内制度の説明資料送付 • 自己紹介動画の作成と共有 • オンライン研修(コンプライアンス、情報セキュリティ等)の受講
入社日	• 入社式およびオリエンテーション • 社長や役員による会社方針説明 • ビジネスマナー研修 • 歓迎会
入社後1週間	• 配属部署長による部門の役割と目標説明 • 上長による期待値の共有 • IT機器の設定支援 • チームメンバーとの個別面談
入社後2週間~1カ月	• 業務関連の基礎研修 • 前任者や先輩社員によるOJT • 週次ミーティングでの進捗報告と課題共有
入社後2カ月~3カ月	• 業務を通した実践的経験の積み重ね • 部門をまたいだ異動社員との交流 • 上長との1on1でのキャリア相談 • 各種スキルアップ研修
~90日	• 90日経過時のフォローアップ面談 • オンボーディング期間の総括と次のステップ確認 • 先輩社員によるメンタリング実施

どうかが配属された部署の上司次第になります（離職の大きな原因は上司との不相性）。いっぽう、オンボーディングでは、会社全体の仕組みとして新入社員を受け入れるため、その新入社員が活躍できるかどうかを本人次第や上司次第にさせることがありません。

オンボーディングの仕組みをつくるにあたって、まず全体像の設計からスタートします。オンボーディングの主要期間である入社前〜入社後90日までのスケジュールを描いてみましょう（図表30参照）。

オンボーディングを充実させるため、オンボーディングブックという小冊子をつくることもお勧めしています。これは新入社員に常に携帯してもらう小冊子です。オンボーディング期間中にすべきことやチェックリストが入ったワークブックと考えれば良いでしょう。

たとえば、スターバックスでは、新入社員（バイト）に「ラーニングジャーニーガイド」が渡され、先輩スタッフとともに、基本的な知識や能力を身につけていく仕組みがあります。

■6．評価の仕組みでお互いの約束を確認する

評価の仕組みは多くの経営リーダーが頭を悩ますところだと思います。会社が幼年期の

頃は、社長の勘で評価を行い、昇格・昇進を行っています。そこから青年期になってくると、勘ではなく基準を明確にして評価する必要性が増加してきます。評価とは、会社と社員が交わした約束が守られているかを判断し、必要であれば約束が守られるように修正していくプロセスです。

評価にあたって、社員のキャリアパスや等級を明確にする必要があります。キャリアパスは、個人が職業生涯の中で進むべき道筋や経路のことを指します。個人が職務やスキルを発展させ、昇進し、目標を達成するためのプランや方向性を示すものです。

いっぽう、等級制度は組織内での社員のランク付けや位置付けを示します。社員のキャリアパスと等級を明確にすることで、個人がどのようにキャリアを進めていくか、どのようなステップを踏んで成長するかが明確化されます。標準的な等級設定は以下のようなものです。管理職レベルの代わりに、専門職コースを用意することもあります。

等級やキャリアパス、そしてすでに作成した職務契約書があれば、それぞれのステージで何を評価項目とするかが見えてくるはずです。評価項目は会社から社員に対する「このように考え行動してほしい」というメッセージです。

たとえば多くの会社では、理念を浸透させたいと思っている割に、理念が評価項目で重要視されていません。せいぜい情意評価のような形で、すみっこに追いやられていること

図表31　キャリアパスを設計する

等級		対応する役職名
Leader：上級管理職レベル	L-1	
	L-2	
	L-3	
Manager：管理職レベル	M-1	
	M-2	
	M-3	
Regular：一般社員レベル	R-1	
	R-2	
	R-3	

が多いようです。これだと理念が共有されないのは当然と言っていいでしょう。また、採用時に〝うちの会社はこういう理念でやっています〟と約束したにもかかわらず、その理念通りに行動しても評価されないのであれば、社員との約束を破ったことになります。

図表32の例は、会社の理念や文化（長期的業績につながる）と短期的業績を両立させるために有効な評価対象です。

行動目標を評価項目に入れる理由は、結果というのはある程度運に左右されるからです。たとえば、私の会社員時代、営業職だったのですが、結果目標だけで評価されていました。

まだ一兵卒でそれほど真面目に仕事をしていなかった時期があったのですが、そのとき

図表32　評価に会社の理念や文化と短期的業績を両立させる

評価対象	内容	会社への影響	賃金への影響	重み
コアバリュー（理念）	コアバリューが体現できているかどうか	文化形成⇒長期的業績	主に基本給	各社ごと、各職務ごとに設定
結果目標	評価期間期首に決めた目標をどれだけ達成できたか	短期的業績	主に賞与	
行動目標	結果目標に向けて行動を取れたか		主に基本給	

にたまたま担当している顧客がＩＴシステムの入れ替えをするということで大きな売上が立ちました。それによって、私の成績が上がり、１００万円以上の賞与が出たのです。それで私は、頑張らなくてもお金はもらえるんだなと勘違いし、その後、成績が振るわなかった時期がありました。このように、結果は良くも悪くも、運に左右されることがあり、社員のためにも行動を評価に入れてあげることが大切だと思います。

●評価後の昇格／降格

誰を管理職にすべきか、この管理者で本当にいいのだろうかと悩むことがありますね。悩む原因は、昇格／降格の考え方と基準がないことにあります。

図表33　コアバリュー評価で管理職を判断する

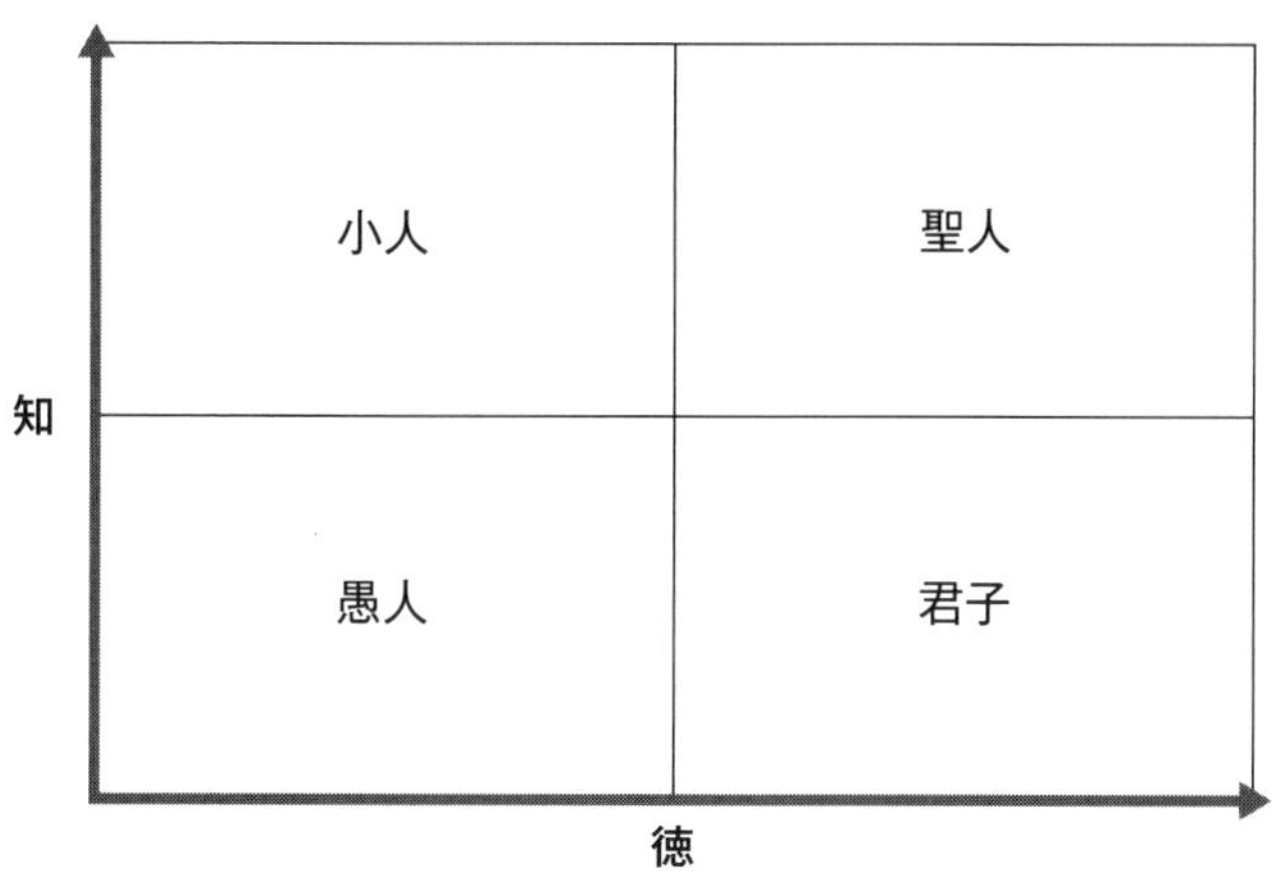

採用のときと同じく、スキルフィットとカルチャーフィットの2軸で考えるのが基本です。結果目標の達成度も高く、コアバリュー評価も高い人は、昇格対象であるは当然ですね。

次をどうするかですが、結果目標の達成度が低くても、コアバリュー評価が高い人が2番目の昇格候補になります。次が結果もコアバリュー評価も低い人、最後が結果を出せてもコアバリュー評価が低い人です。東洋思想でも、この2軸で人物評価をします。聖人は徳も才もある人、君子は才は平凡だが徳がある人、小人は才はあるが徳がない人、愚人は才も徳もない人です。

昇格／降格の基準では、これがまったく同じように活用できます。愚人は利も害もないのですが、小人は才があるだけに、組織を間違った方向に導く可能性があります。だから昇格させないのです。

- スキルフィット、カルチャーフィットともに高い人（聖人）
- カルチャーフィットは高いがスキルフィットが低い人（君子）
- スキルフィット、カルチャーフィットともに低い人（愚人）
- スキルフィットは高いがカルチャーフィットが低い人（小人）

この基準がないままに小人を昇格させてしまい組織が混乱している場合や、先代からの功績があるからという理由で重要なポストに徳がない人が収まっている場合は厄介です。理念という大義名分をもって正対し、話し合って役職を降りてもらうしかありません。

■7．社員育成の仕組みでパフォーマンスレベルを一定にする

等級や評価項目が決まると育成ができます。育成とは、会社がその職務に求めるパフォーマンスレベル（評価項目とその達成レベル）と、現在のパフォーマンスのギャップを埋めることです。

図表34　育成によりパフォーマンスレベルのギャップを埋める

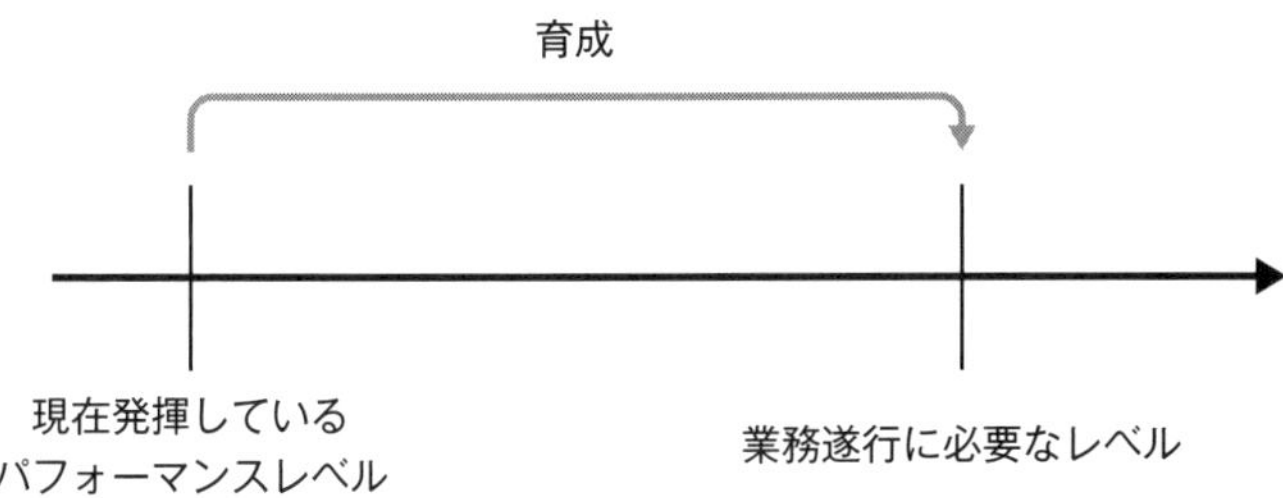

この目的を達成するためには２つの方向性があります。

１つ目は、「仕事に求められるパフォーマンスレベルを低くする」ということです。当たり前の話なのですが、仕事に求められる能力が低ければ低いほど、人を育てるのは簡単になります。ところが、ほとんどの中小企業は職人気質の、しかも能力が非常に高い社長が率いています。そんな「ハイスペック」な社長が社員にも同じような能力を求めるわけですから、人が育たなくなってしまうわけです

能力が高くなければできない仕事が多ければ、それをこなせる人材を探すのも大変ですし、見つけたとしても給与が高くつきます。ですので、仕組み依存の会社では、「世の中のほとんどの人は普通の人である」と認識しており、彼らが活躍できるように仕事を設計しています。

たとえば、ハンバーガーをつくるという職務を考えてみましょう。バンズや肉を順番に挟んでいけばハンバーガーはでき上がりますが、重要なのがソースの量です。これが

多すぎても少なすぎてもよろしくありません。ここでちょうどよい量をかけるという職人技が必要になります。この職人技を教えるのに数カ月かかるかもしれません。

ではソースの容器を変え、ワンプッシュで適量が出るものに変えたらどうでしょうか。入社初日から最高の成果を出すことができます。これによって、育成のスピードが短縮されます。このように、まずは仕組みを変え、職務に求められる能力を下げるというのが最初に考えるべきことです。そのうえで、2つ目の方向性である現在発揮しているパフォーマンスレベルを業務遂行に必要なレベルに引き上げる育成を行います。

まず、育成について注意すべき点をいくつかご紹介します。

●OJTという名の現場放置をしていないか?

多くの日本の中小企業ではOJTが用いられています。もともとチャールズ・R・アレンという人が開発した「4段階職業指導法」がもとになっていると言われていますが、正しくOJTが行えている会社は意外と少ないのが現実です。

・4段階職業指導法

①新人を配置

②作業をして見せる
③効果を確認する
④フォローする

あなたの会社ではここまでのＯＪＴができていますか？　ＯＪＴという大義名分のもとで新入社員が現場放置されていないか、あらためて確認してみましょう。

・行き当たりばったりの外部研修をしていないか？

「人を育てるのが苦手だから」と、外部研修に依存していないでしょうか？　計画や目的がないまま外部研修に参加しても、お金と時間のムダ遣いとなってしまいます。

・指導者依存になっていないか？

体系的に人を育てる仕組みがないために、どうしても配属先の上司の「人を育てる能力」や「気持ち」に依存してしまうことがあります。仕組み依存経営の考え方では、「その人が活躍できるかどうかをその人のせいにしてはならない」という原則がありま す。その人が活躍できるかどうか、育つかどうかは会社がどれだけの環境を用意できるかに依存しているのです。

・一時的な教育になっていないか？

入社時にビジネスマナー的な研修を行っただけで、その後は現場放置をしているという会社も多いのではないでしょうか？　いまのように技術や環境の変化が激しい時代には、組織図上で言う「上の人たち」ほど勉強すべきです。新しい組織論や働き方に上層部がついていけないような会社では、若い人たちの目には魅力的に映りません。

・実務との一貫性が欠如していないか？

社長が「自分が受けてみて良かったから」「世間で流行っているから」という理由で、社員に「良さそうなもの」を次々に与えていませんか？　このような教育方法では、実務との一貫性が欠如しがちです。人を育てる教育は、会社の理念と長期目標に沿ったものであり、かつ評価制度やキャリアパスと整合性があるものでなくては意味がありません。

つまり「会社としてはこういうキャリアパスを用意しています。各役職になるために評価されるポイントはこのような点です。それを学ぶためにこのような教育を受けることができます」というメッセージを社員に伝えることが大切なのです。

この一貫性がないと「何でそんな教育や研修を受けなきゃいけないの？」となってしまいます。「学び、成長することが自分にとってのキャリアアップにもつながり（内面的動機）、給与にもつながる（外面的動機）」というイメージを持ってもらうことが重要です。

図表35　会社の理念と長期目標に沿った教育サイクル

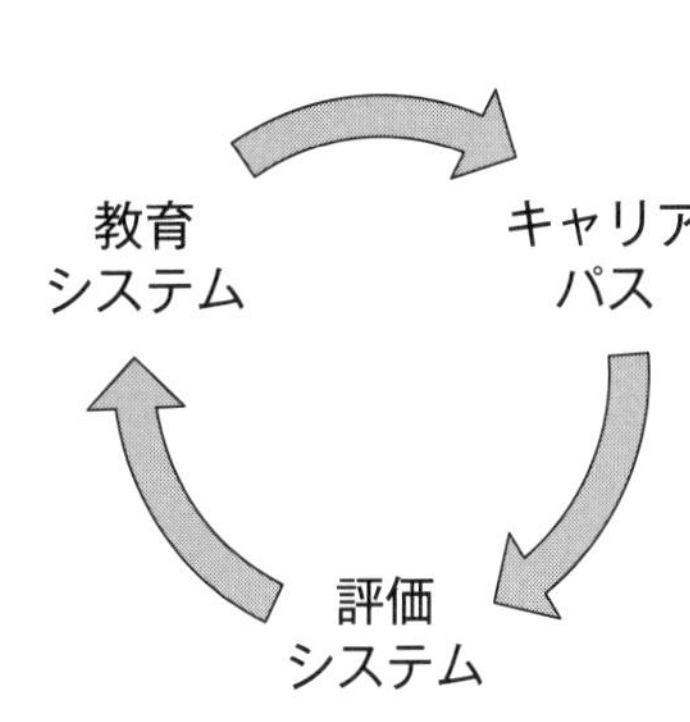

●すべての会社は社員を生徒とした学校である

これはマイケル・E・ガーバー氏が常々訴えてきたことです。仕組み依存の会社では、仕組みに沿って仕事をすることで人が成長することを目指します。そして、仕組みに沿って仕事をする方法を教えるのが育成の仕組みになります。

自社を学校と考えると、講師は管理職や先輩社員になります。社長の仕事は、その講師を育てることです。人を育てる人を育てれば、人が育つ土壌ができ、経営リーダーの悩みは大きく軽減されるでしょう。

●ディズニーは小さかった頃から学校をつくっていた

ウォルト・ディズニーは、ディズニーランドをつくる以前のアニメーションスタジオ時代から教育を内製化していました。ウォルト・ディズニーは「既存のアートスクールでは、我々が求めることを教えてくれない。だから自前の学校をつくった。そしてほかのスクールより、一段階だけ上のことを教えた」と語っています。これがいまのディズニー大学につながっています。

●マクドナルドは開店前に自前の教育機関をつくった

マクドナルドもまた、銀座に1号店をつくる1カ月前に「ハンバーガー大学」を開きました。ハンバーガー大学は、マクドナルドが創業してからわずか6年後につくられた自前の教育機関です。

このような事例から、文字通り企業内大学を社内に設ける会社も増えています。

では、会社を学校にするにはどこから始めるか？　まずは教える内容を設計してみまし

図表36　会社は仕組みに沿って人を育てる機関

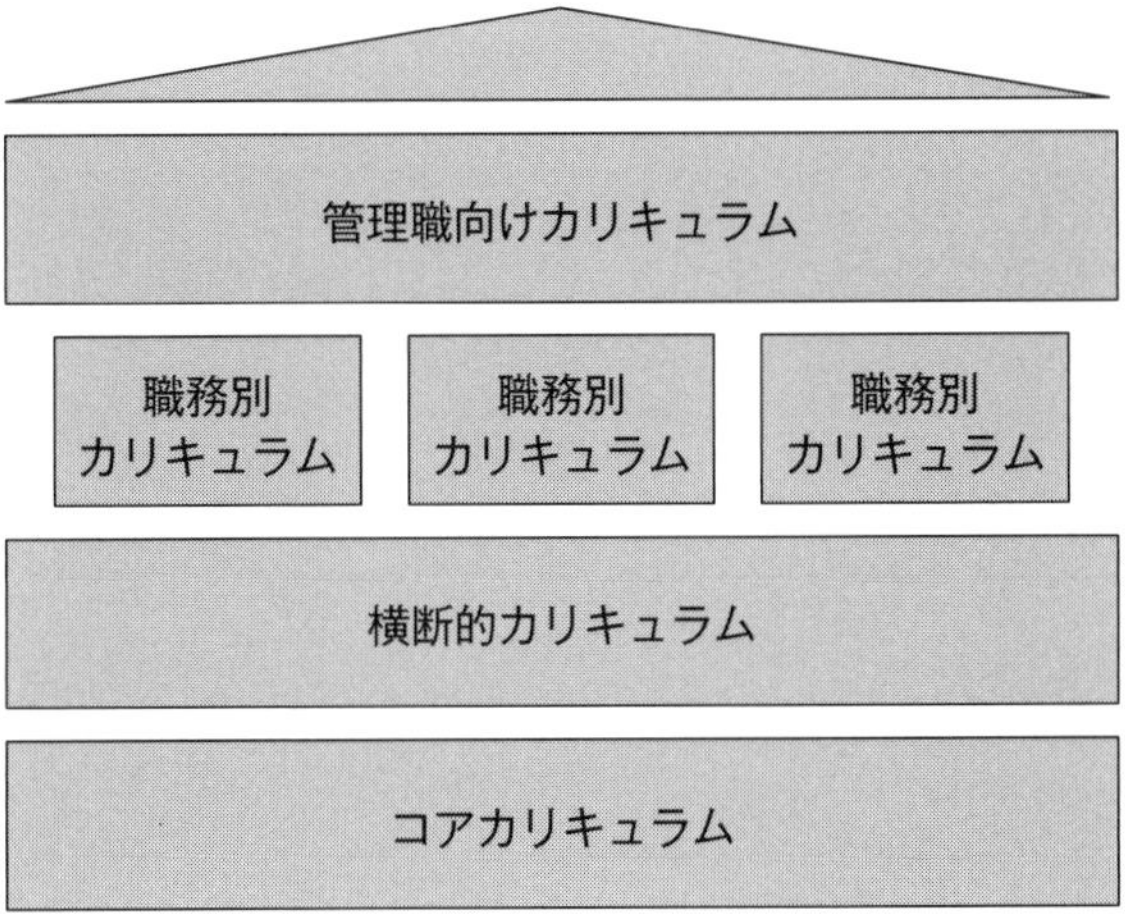

ょう。いわゆる学校で言うカリキュラムをつくるのです。カリキュラムは階層レベルや職務によって異なるので、私が「テンプルモデル」と呼んでいる図表36の構造が役に立ちます。構造がお寺みたいなのでテンプルモデルと呼んでいます。あなたの会社でどのようなカリキュラムを用意するか、ぜひ考えてみてください。なお、これも職務契約書をつくっておくとカリキュラムづくりがラクになります。

コアカリキュラム

- 会社の歴史
- 理念体系と文化
- あなたの会社で最優先されるポリシーや価値観

・あなたの会社について、全社員が知っておくべき事柄

横断的カリキュラム

・会社の基本的ルール
・業務遂行に必要な基本スキル
・自己成長
・生産性の高い働き方
・基本的なＩＴリテラシー
・５Ｓ
・基本的な対人スキル

職務別カリキュラムは文字通り、その職務をこなすために必要な能力や知識を身につけるためのカリキュラムです。管理職向けカリキュラムも文字通り、あなたの会社の管理職に求められる能力や知識を身につけるためのカリキュラムです。

●マニュアルを教育のテキストにする

学校にはテキストがありますね。会社を学校と考えたときのテキストは、主にはマニュアルです。正しくつくられたマニュアルには自社の理念に沿った働き方が詰まっています。それをテキストにして教えることで、教え方が標準化できるのです。マニュアルづくりについては後述します。

仕組み化のためのエクササイズ13

あなたの会社の育成カリキュラムを考えてみましょう。

- コアカリキュラムとして何を教えますか？
- 横断的カリキュラムとして何を教えますか？
- 職務別カリキュラムとして何を教えますか？
- 管理者向けカリキュラムとして何を教えますか？

マネジメントプロセス――会社全体を運営する仕組み

マネジメントプロセスは、これまでにカバーした「顧客との約束を守る仕組み」と「社員との約束を守る仕組み」の2つを統合させるものです。ここでは、すべての会社に必要となる会議の仕組み、お金の仕組み、経営チームの仕組み、経営計画の仕組みについて見ていきましょう。

■誰もが変えたい「会議の仕組み」

多くの会社において、会議は嫌われる対象となっています。その原因は、会議が多すぎたり長すぎたりと、会議の仕組みが整っていないことにあります。しかし、会議の仕組みを正しく整えれば、ビジョンや目標を達成するうえで、欠かせないものになります。

会議の仕組みをうまくつくると、あなたが思っているよりも大きなメリットがあるはずです。以前、仕組み化をご支援させていただいた方は、「この会議の仕組みをつくれただけでも数百万円の価値があった。社員が育って、自分が関わらなくても会議がうまく機能するようになった」と言っていました。正直、当時は私も会議の仕組みづくりをあまり重

図表37　自分が関わらなくても機能する会議の仕組みをつくる

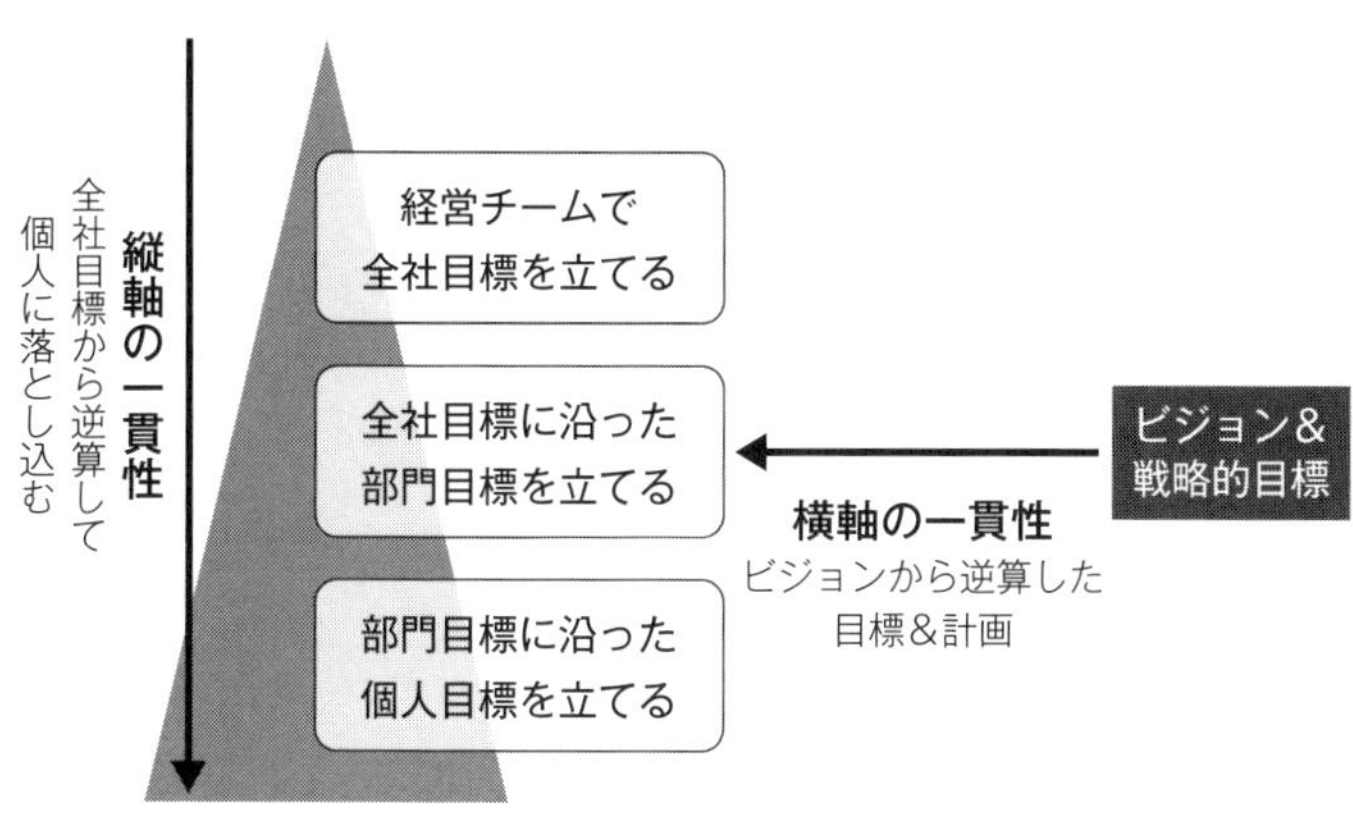

視していなかったので、このご意見は意外でした。

さて、効果的な会議は、横軸（時間軸）の一貫性と、縦軸（組織）の一貫性を保つために行われます。横軸の一貫性とは、目指すべき目標から会社が逸れないようにすること、縦軸の一貫性とは、個人個人の行動が全社目標から逸れないようにすることです。

●会議体制の設計

会社経営は、「思考する（長期視点）」「計画する（中期視点）」「実行する（短期視点）」という3つの要素で成り立っています。これら3つの要素のリズムを整えるように、自社で行う会議の全体像を設計します。

図表37はそのサンプルです。一見、会議が

図表38　会議の全体像を設計してみる

名称	参加者	頻度	時間	目的
年次リーダーミーティング	経営チーム	年に1回	2日間	中長期目標＆計画の立案
年次キックオフミーティング	全社員	年に1回	半日	中長期目標＆計画の共有
四半期ミーティング	経営チーム、部門ごと	四半期に1回	半日～1日	中長期目標に向けた調整
週次ミーティング	部門ごと	週に1回	1時間	実行計画
EDM	上司、部下	週ごと or 隔週	30分～1時間	社員の成長
日次ミーティング	部門ごと	毎日	15分	リームワーク向上
(任意)月次ミーティング	部門ごと	月に1回	1時間	部門間情報共有

多いように思えますが、これらのリズムを整えることによって、突発的な会議や他部門や上司部下への五月雨（さみだれ）式の問い合わせが減り、逆に生産性が高まります。会議にかかるコストと効果を考慮し、投資効果の高い会議システムをつくることが大切です。

●会議体制

会議体制とは、各会議をどのような体制で行うかをあらかじめ決めておくことです。各会議には、以下のような役割が存在します。これらの役割を誰が担うかを決めておきましょう。

会議オーナー……会議の主催者。通常は社長や部門長。

ファシリテーター……会議の進行役。参加者中、最上位の役職者ではないことが望ましい。
議事係……会議での決定内容を記録（メモや録画等）し、社内に展開する。
参加者……議題に関係するメンバー。

●グラウンドルールの設定

グラウンドルールとは、すべての社内会議で守るべきルールです。グラウンドルールがないことが、生産性が低い会議が量産される理由です。ルールのサンプルとしては以下のようなものがあります。

・完全参加
邪魔になる要素はすべて排除して、会議に集中する。長時間にわたる会議の場合には、メールや電話に対応できるよう休憩時間を設ける。

・発言権は平等
参加者全員に発言の機会が与えられるようにする。

・会議終了時には、誰が・何を・いつ（"Who, What, When", WWW）を明確にする

・パーキングロットを活用

パーキングロットは、会議の生産性を上げるための重要なテクニック。会議中にもともとの議題になかった議題やアイデアが生まれた場合には、それをパーキングロットに入れておき、あとで対処するようにする。

・グッドニュース

会議を仕事上での、そして私生活で起こった良い出来事を個人レベルで分かち合うことから始め、チームメンバーとの絆を深める。他者に感謝の念を伝える。

・ルール確認

会議の最初の段階で各会議におけるグラウンドルールを参加者全員で確認する。

■とくに大事な会議における仕組みづくり

先ほど会議体制のサンプルをお見せしましたが、このなかで、とくに大事な会議があるので、それについて深掘りしましょう。

●(年次)キックオフミーティング

キックオフミーティングは会社のビジョンを伝えることで、社員に将来に対する安心感を与えると同時に、コミットメント（計画への同意）を得て前に進むための会議です。年に1回の開催が一般的ですが、全社員が無理なく集まれるくらいの規模の会社であれば、四半期に一度行うことをお勧めします。

会社を仕組み依存に変えていく過程においては、理念を見直したり、マニュアルを作成したりするなど、社員からすると〝社長がまた何か新しいことを始めた〟と感じるでしょう。

そのため、最初にキックオフミーティングを開き、変革の理由と目的を宣言することが重要です。社員の理解と協力を得て、彼らが変革の旅に積極的に参加してくれるようにすることが欠かせません。

●ＥＤＭ：社員成長会議（1on1ミーティング）

最近は1on1ミーティングを行うことが一般化していますが、形だけ運用し、なかなかうまく効果が出ていない会社が多いのではないでしょうか。1on1ミーティングは、上司部下の1対1のミーティングであり、社員と会社の成長を両立させるために行います。そのため、社員成長会議（ＥＤＭ：Employee Development Meeting）と呼んでいます。

ＥＤＭでは、上司がメンターの役割を担います。メンターは部下の適性や長所を的確に見極め、伸ばすべき点を助言します。ただ単に仕事の指示を出すのではなく、部下自身が自立し成長するよう導くのがメンターの役割です。上司と部下が心を開いて対話することで、相互の理解が深まり、信頼関係が構築されていきます。

また、ＥＤＭを評価の場と考えている人もいますが、そうではありません。部下がＥＤＭを評価の場であると認識した時点でＥＤＭの目的は達成されなくなります。良い評価を得ようと身構え、本音を出さなくなるからです。

本来のＥＤＭは、部下を知るために行います。「下、三日にして上を知り、上、三年にして下を知る」と言います。あなたは部下の夢や人生の目的がなんだか知っていますか？　社員それぞれが理想に近づこうと努力するとき、会社もまた理想に近づきます。ＥＤＭは会社の理想と社員の理想がどう関係するのかを知ってもらい、彼らが理想に近づくのを支援する場なのです。そして、定期的に上司と向き合うなかで、部下は自身のあり方や目標を見つめ直すことができるのです。

いっぽうで上司にとっても、ＥＤＭを行うことで仕事が効率的になります。日常的な雑務から解放され、部下１人ひとりに集中できる環境が生まれます。間違いや手戻りを未然に防げますし、問題が深刻化する前に早期に発見し解決することもできます。また、組織全体の方針や基準を周知徹底する機会でもあります。部下が会社の理念や戦略を正しく理

図表39　あなたの会社の会議の仕組みを設計してみる

会議名	参加者	時間／頻度	場所	目的・議題

解し実践することが、会社の成長にもつながっていきます。

このようにＥＤＭは、社員個人の成長を実現しながら、同時に会社の発展にも大きく寄与する仕組みなのです。

ＥＤＭを初めて導入する際には、社長と社長直下の部下から始めます。そして、ＥＤＭを実施するテンプレートをつくり、それを次の階層へと展開していきます。これによって、同じ目的で、同じやり方でＥＤＭが全社展開され、良い結果を生み出していきます。

ＥＤＭの頻度もよく聞かれます。基本は週1回をお勧めします。大変だなと思われるかもしれませんが、先に述べた通り、1週間に一度の会議をするだけで、お互いが余計なやり取りをすることなく、自らの仕事に集中できるのです。

■ビジョンに向けて活用するための「お金の仕組み」

お金の仕組みづくりとは、会社のビジョンに向けてお金の力を活用する仕組みをつくることです。社長であれば日々お金に頭を悩ませていると思いますが、お金のトラブルが生まれる原因としては、以下のようなことがあります。

- 売上だけ見ており、現金や利益に無頓着になっている。
- 節税に精を出し、余計な現金を流出させている。
- お金はあとから付いてくると考え、お金に無頓着。
- 税理士に頼りっぱなしで基本的な財務知識がない。
- 経理担当者に依存しており、お金の管理がブラックボックス化している。
- 正しいデータを基に判断していない。
- 社長、社員が経費にルーズ。

こういった要因を避けるために、お金を活用する仕組みをつくります。お金に関する業

図表40　お金の仕組みづくり

管理会計		財務会計
未来の予測	時間軸	過去のまとめ
健全な経営	目的	業績開示/納税
自由	形式	決められている（財務諸表）
社内	対象者	社外
自由（1カ月、1年、1日など）	期間	会計期間
予実管理、財務指標管理、部門/商品/顧客別採算、原価管理	業務内容	伝票整理・経費精算、帳簿や伝票の記録、納税、財務諸表作成

務としては、主に財務会計と管理会計があります。大半の会社では、経理担当者と経営陣が財務会計の仕事をしています。これは義務的な業務であり行わないといけないものです。

いっぽう、これだけではお金を活用することができません。そこで管理会計の業務が必要になります。こちらは義務ではないため、おろそかになっている会社が多く、それが先に挙げたお金のトラブルの原因となっています。

管理会計が目指すことは健全な経営を行うことですが、そのために財務情報を社員と共有し、全員でお金を気にかけるようにすることが欠かせません。財務情報は社内で最も重要とも言えます。しかし同時に、最も共有されていない情報となっています。

社員に研修を受けさせている会社は多いですが、会社の大きな目標の1つである利益の上げ方について教えている会社はほとんどないのです。これは不自然なことですね。

野球やサッカーなどのスポーツでは、いま自チームが何点で、相手チームが何点で、勝っているのか、負けているのかを全員が知っています。だから、その場その場でどう行動するかを判断できるのです。もしスコアボードが隠されていれば戦略も計画もなく、ただ目の前のボールを追いかけるだけになってしまうでしょう。会社もこれと同じことが言えます。財務情報を知らずに仕事をしていることは、点数を知らないでゲームをしているようなものです。

図表41　オープンブックマネジメントの本質

オープンブックとは何か?	オープンブックとは何でないか?
•社員の仕事に関連する情報を共有する •未来のための情報を共有する •仕事をゲームにする •現実を伝える •社員に大人として接する •時間をかけて発展させる	•全情報の公開 •過去情報の共有をする •難しいお金の勉強 •ポジティブな情報のみを共有する •社員を愚か者として接する •すぐに効果を期待する

財務情報の公開は一般に「オープンブックマネ

ジメント」と呼ばれています。〝それならうちもやっています〟という方も多いのですが、聞いてみると財務情報がクラウド上で見られるようになっているだけという会社も多いものです。これでは十分と言えません。オープンブックマネジメントの本質は、社員１人ひとりが財務数値の意味を理解し、自らの行動が会社の業績にどのような影響を及ぼすのかを認識することにあります。

より具体的に言えば、以下のようなことを社員に知ってもらうことです。

・自分の給与がどこから生まれているのかを知る
・売上と利益の関係について知る
・会社を運営するための費用について知る
・人を雇用するための費用について知る
・利益や費用に影響を与える活動について知る
・利益を残すことの難しさについて知る

■オープンブックマネジメントを実践する流れ

●財務情報を共有する主旨やルールを伝える

まず社員に対して、その主旨や情報共有のルールをしっかりと説明する必要があります。主旨としては、経営の透明性を高め、1人ひとりが会社の数字を理解し、自らの行動が業績に影響を与えることを自覚してもらうことが挙げられます。会社の財務状態が健全になることは社員にとっても安心感につながります。

ルールとしては、どの程度の情報をどの範囲で共有するのか、情報の取り扱い方など明確に設定しておく必要があります。

●財務リテラシーを鍛える場を設ける

申し上げた通り、単に財務データを提示するだけでは不十分です。1人ひとりが財務リテラシー（理解力）を身につける機会を設ける必要があります。

会社におけるお金の流れ（収入源、費用の内訳など）、財務諸表の役割と基本的な読み方、売上、費用、利益の違いや種類、どのような行動や施策が財務指標の改善につながるかなどを教えます。できれば自分で行うのが望ましいですが、難しければ最初は会計士さんなどに協力してもらっても良いでしょう。

社員に財務の話をするきっかけづくりをご紹介します。これは「100円クイズ」と呼んでいるものです。社員の方々に「100円の売上があったら、会社に利益はいくら残りますか？」とクイズを出してみてください。おそらく、誰も正確な数字は答えられないと思います。大半の人は、実際以上の利益が残ると答えるはずです。

逆に、「100円の利益を残すために、いくら売上が必要ですか？（100円の節約は売上いくら分ですか？）」と聞いてみてください。これも正確な数字はなかなか出てこないと思います。

会社の売上と利益の区別が曖昧な人も多いものです。昔、私が別の会社を経営していたとき、知り合いの社長にウェブサイトの制作を頼みました。たしか2週間くらいかかる仕事で80万円くらいだったと思います。その話をしている会議に当時のスタッフが同席していました。会議が終わるとスタッフは私に言いました。「自分は1カ月働いて20万ちょっとなのに、あの人（ウェブサイト制作の人）は2週間で80万ももらってズルい」

これを聞いて私はびっくりしました。当たり前ですが、80万円というのはその会社にとっての売上であり、そこからデザイナーや外注に払うお金があり、社長に80万円の給与が入るわけではないのです。そんなことは当然知っていることだと思っていたのですが、そのスタッフは知らなかったのです。

そういえば、彼は報酬についても頻繁に文句を言っていたことを思い出しました。売上と利益の区別がついていないので、会社の売上がこれくらいあるならば、自分はもっともらえていいはずだと考えていたのでしょう。

ただ正直、当時の私の給与は彼よりも低い状態でした。私が財務リテラシーを教えていなかったばかりに、スタッフとの信頼関係が崩れていたのです。財務リテラシーが欠如していると、社員と経営陣の間に不必要な溝ができてしまいます。お金は人々の感情と結びついており、それが間違った方向に動くと取り返しがつきません。そうならないように、正確な情報と知識を提供してあげるようにしましょう。

●財務情報を定期的に共有し、財務指標と業務をつなげる

各部門の活動実績が財務にどう影響したかを明確にします。また、目標達成に向けてどのような施策を打つべきかについても議論する場を設けましょう。肝心なのは、社員1人ひとりが自分の職務と会社業績をリンクさせて考えられるようにすることです。

このような仕組みを通じて、オーナーシップの文化を築くことができます。社員全員が自分の仕事に対して経営者として取り組んでいる状態のことです。

■社長1人に依存しない「経営チームの仕組み」

あなたの会社では、戦略的な仕事を自分だけで行っていませんか？　それによって社長に依存する経営から抜け出すことが困難になっているかもしれません。そこで大きな役割

を果たすのが経営チームを運営する仕組みです。経営チームによって、経営の仕事を〝あなた個人〟から〝経営チーム〟へと移転させていきます。会社が大きく成長するために欠かせないステップであると同時に、経営承継の際に非常に役立つ仕組みとなります。

経営チームは、社長と、カギとなる管理職数人、場合によって外部の1人か2人のアドバイザーで成り立ちます。理想的なのは社長に加えて2〜4人、多くても6、7人です。社長、CFO（最高財務責任者）、マーケティング／セールス部門のマネジャー、製造部門のマネジャー（製造部門が重要な業種の場合）、そして、時に税理士や弁護士、経営コンサルタントなどの外部メンバーが含まれます。

しかし、これはあくまで一般論です。自社の経営チームをうまく機能させるために誰を入れるかを考えてみてください。

●経営チームの仕事範囲を決める

経営チームで何を話し合うか、どこまでを話し合いの対象とするかを決めましょう。

- 会社の理念
- 戦略

・高度な意思決定
・全社的、長期的な計画
・主な財務的決断
・KSIの計測
・会社のポリシーやルール
・価格戦略
・大きなプロジェクト
・影響力が大きい人材の採用や解雇
・経営チームの運営方法を決める
・いつやるのか？（頻度、時間帯等）
・どこでやるのか？（オンラインorオフラインなど）
・誰がやるのか？（司会役、議事録役等）
・どのようにやるのか？（ルール）

●経営チームを活用した経営承継

人依存の会社では、承継後に会社がうまくいくかどうかが、〝後継者の資質次第〟とさ

図表42　「人依存」と「仕組み依存」における承継の違い

れています。一方の仕組み依存の会社では、これまでに見てきたような〝経営の仕組みの完成度〟と、〝承継の仕組み〟がカギを握ると認識されています。

承継の仕組みのなかで重要な位置を占めるのが「経営チーム」です。経営チームが機能し出すと、経営承継もスムーズにいきやすくなります。以下は、そのイメージです。

まず社長が経営チームをつくります。社長が主軸となり、経営チームを運営していきます。承継の準備段階において、経営チームのなかから新社長候補を選出し、その人を主軸に経営チームを運営するようにします。この際、社長は経営チームの一員として活動します。場合によって、新社長候補の肩書をCOOにするなど、対外的にも次期社長であるこ

図表43　経営チームが機能する経営承継

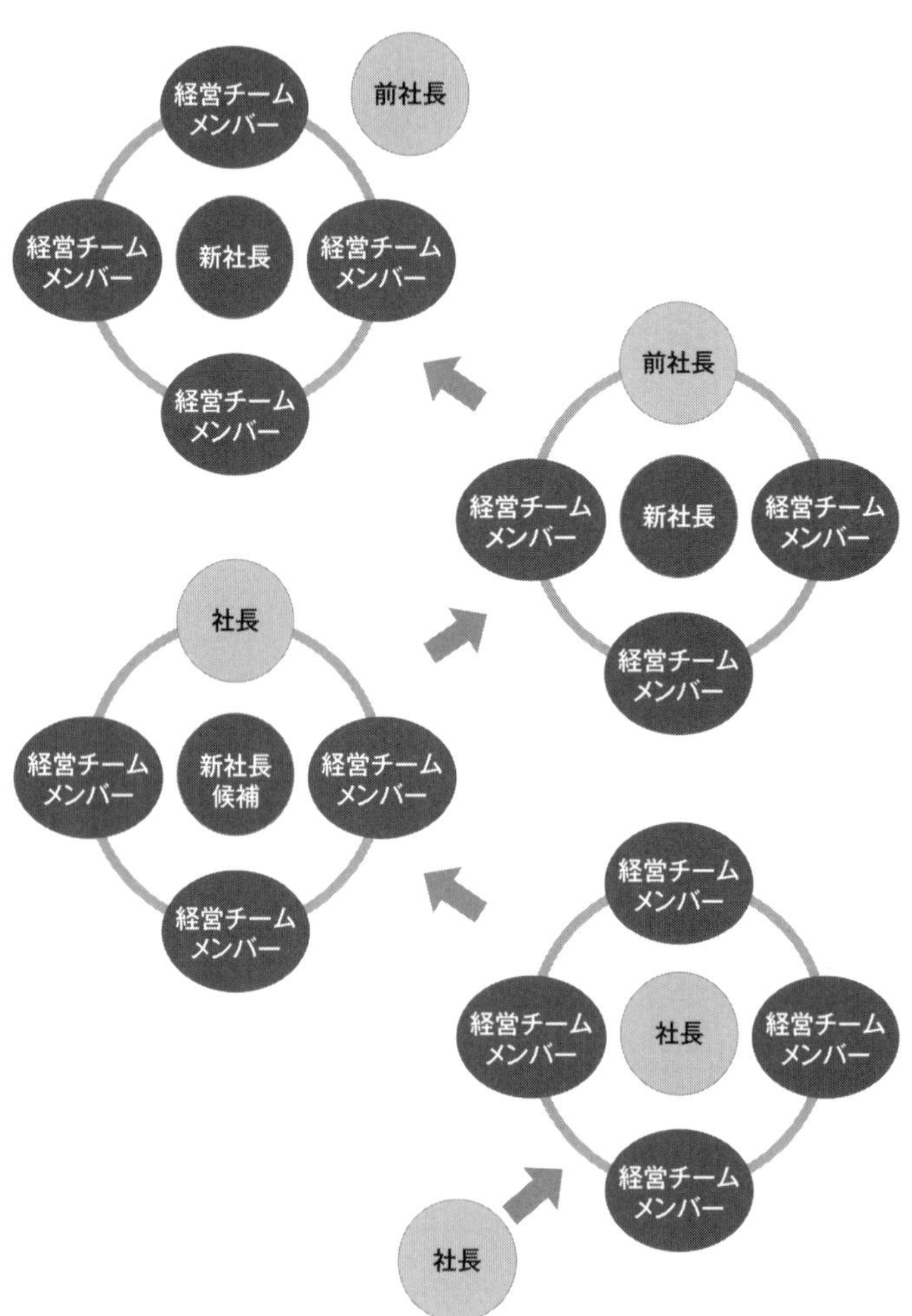

とを認識させます。新社長を正式に任命します。前社長は経営チームにとどまりますがメンター役に徹します。最終的に前社長は経営チームから抜け、承継が完了します。

このように段階的にすることで、新社長候補の能力を確かめながら、かつ社長の信頼関係を維持しながら経営承継ができます。

■事業承継を可能にする社長の出口戦略

承継の話が出ましたので、ついでに社長の出口についてもう少し触れておきたいと思います。社長の出口は、家族承継or社員承継or第三者承継or廃業しかありません。廃業を除いて、いずれの場合においても、社長も社員も、顧客もハッピーな出口を迎えるには、以下の条件が必要になります。

●会社を移転可能にすること

これまでに取り組んできた仕組みづくりを続け、社長が代わってもうまく回る会社を実現することです。

●会社を魅力的な商品にすること（継ぎたいと思える会社にすること）

家族経営の場合、次の世代が事業に参加するかしないかは、彼らが若いときに両親の会話を聞いたり、会社の生活が家族の生活に与える影響を感じたりしたときに形成されます。家業は対立の源なのか、喜びの源なのか、創造的意欲や目的意識の表現なのか、義務的な活動なのか、家族関係を強化するものなのか、分裂を生み出すものなのか。その後継候補者となる子供たちに潜在的に植え付けられた意識も事業承継に影響を与えるのです。

社員に継いでもらう場合にも同様で、彼らは社長の日々の振る舞いを見て、自分が社長になったときの姿を想像します。

●引退後の人生の目的、計画を明確にしておくこと

仕組み化の最初のステップで、あなたの人生観が大事であると述べました。これは承継のタイミングでも見直していただきたいところです。理想的な引退のためには、「プッシュ型の動機」（次世代が経営を担ったほうがうまくいく、または止むにやまれぬ理由からの引退）と「プル型の動機」（引退してやりたいことがある）の2つが大事です。

プッシュ型の動機だけだと、会社への未練が残ります。引退したものの、ついつい会社

に出社し、経営に口出しをしてしまう可能性があります。そうなると経営チームから煙たがられることもあり、お互いにとって好ましくありません。そのため、引退後にはこれをやるという計画が必要なのです。そして、その計画は人生の目的から導かれます。

■組織を一体化させる「経営計画書の仕組み」

さて、これまでにさまざまなことを考えてきていただきました。これらをまとめる意味合いで「経営計画書」について触れておきたいと思います。

経営計画書とは、経営計画を文書化したものです。言い換えれば、社長の頭のなかにある暗黙知的な思想や哲学、計画などを形式知化したものと言えます。社長の暗黙知を形式知化することによって、社員に移転可能になり、組織の一体感や後継者の育成にも役に立ちます。

社員の知識や意思決定能力が向上し、自律的な運営が可能になります。同時に、社長はさまざまな事柄について自らの知識を深め、暗黙知を拡張していくことが大切です。拡張された暗黙知をさらに経営計画書に反映することによって組織全体の能力が高まっていきます。

経営計画書はすでにつくっている方も多いと思いますので、ここでは仕組み依存の会社

図表44　暗黙知を形式知に変えていく

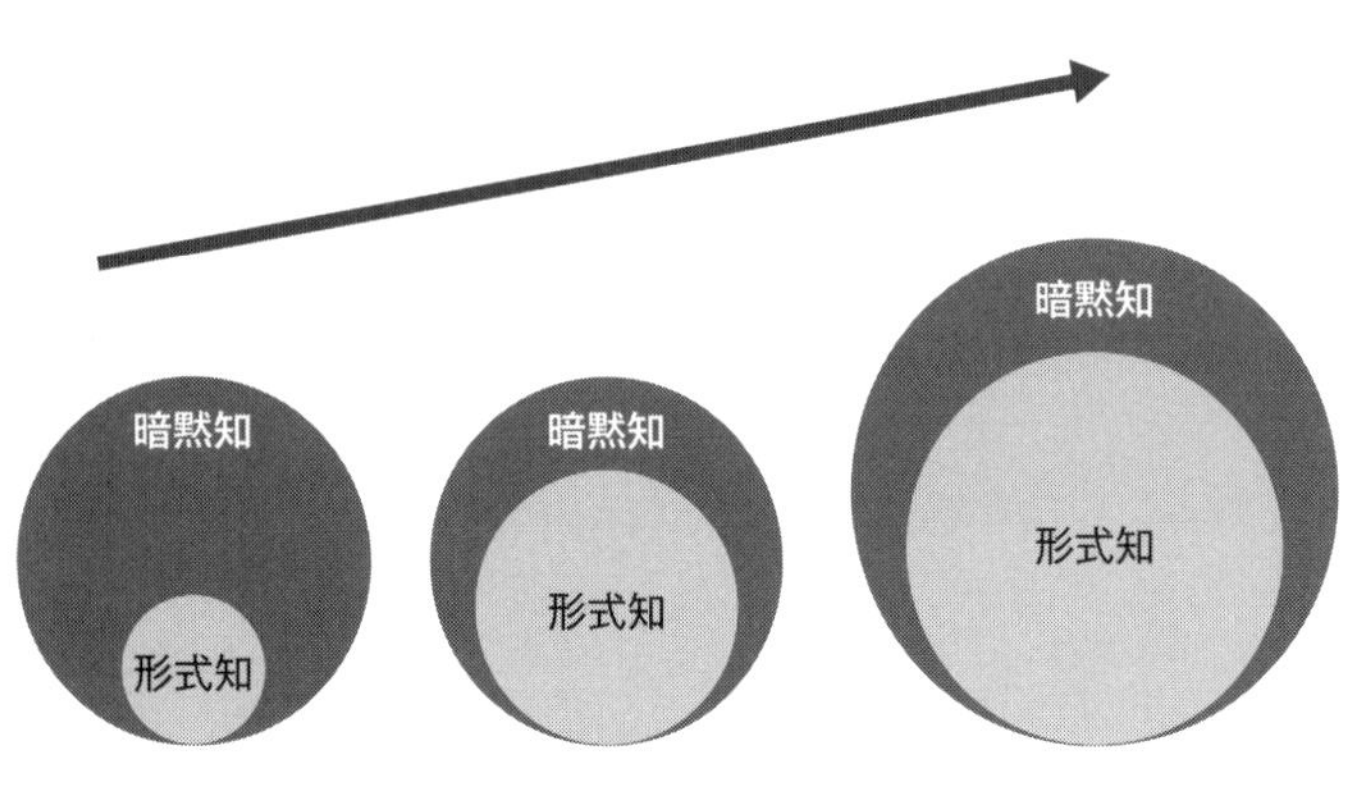

における経営計画書の特徴をいくつかご紹介していきます。

●経営計画書の中身

経営計画書とは、経営リーダーの頭のなかにある暗黙知を形式知化したものと述べましたが、具体的には以下のような内容を計画書に入れていきます。

私は以前、経営計画書を会社の〝運営マニュアル〟と呼んでいました。運営マニュアルには、会社を運営するためのすべてが書かれています。誰かに会社を承継する場合、「経営の仕方はこの運営マニュアルにすべて書かれています。私は明日から引退しますので、あとはよろしくお願いします」と言えるものをつくることを理想としていました。

通常のマニュアルが作業を任せるためにあるのに対し、運営マニュアルは会社の運営を任せるためのもの、という位置付けにしていました。日本の商習慣上、経営計画書と呼んだほうがイメージがつきやすいだろうということで名称を変えたのです。ただ、基本的な目的は運営マニュアルのときと変わっておりません。会社を移転可能な状態にするために、社長の暗黙知を形式知にします。

社長の暗黙知を形式知化する内容

- 前年度ハイライト
- 理念（コアバリュー、ビジョンなど）
- ブランドコミットメント
- 対象市場の変化など
- 商品・サービス構成
- 特徴／強み
- 選ばれる理由
- 戦略的目標
- 創業理念・創業ストーリー
- 顧客、社員、取引先に対する約束事
- 事業環境の俯瞰
- 社員や顧客の声やストーリー
- 対象顧客
- 開発ストーリー
- ポジショニングマップ
- 戦略ストーリー

戦略的指標	仕組み化戦略
各指標向上に向けた施策	組織戦略
戦略的目標達成までの中期利益計画	単年度利益計画
個別利益計画	長期バランスシート
仕事のガイドライン	

●経営計画書づくりは心から始める

マイケル・E・ガーバー氏は、「常に機能する経営計画とは心から始まるものだ」と言っています。

会社は社員や顧客、仕入れ先、貸主（投資家や銀行）といった関係者の成長に寄与した分だけ成長します。経営計画が実現したとき、またその計画を発表したとき、会社に関わる人たちがどのような感情を得るかというイメージすることが大切です。

経営計画をつくり、それを発表するということは、あなたが彼らに計画を売り、彼らがその計画を買う（採用する）ということにほかなりません。そのためには、商品を販売するときと同じく、計画が彼らにとってどんな意味があるのかを伝えなくてはなりません。

そのために、自社がどのような会社にならないといけないのかを決める必要があります。以下のような質問を考えてみましょう。

- 何年か先、あなたの社員があなたの会社で働くことを家族や親友に勧めたとします。彼らは何と言って勧めたのでしょうか？
- 何年か先、あなたの取引先があなたの会社と取引することを他の会社に勧めたとします。彼らは何と言って勧めたのでしょうか？
- 何年か先、あなたの取引銀行があなたの会社と取引することをほかの銀行に勧めたとします。彼らは何と言って勧めたのでしょうか？
- 何年か先、あなたの顧客があなたの会社から買うことを家族や親友に勧めたとします。彼らは何と言って勧めたのでしょうか？
- 何年か先、あなたは主要な関係者から賞をもらうことになりました。何が理由で、どんな賞を受け取ったのでしょうか？

このように終わりの状態をイメージしてから、計画に取り組むことが大切です。

●ＫＳＩ向上に向けた仕組みづくりを施策とする

あなたも経営計画にさまざまな施策を記載していると思います。施策とは目標や計画を実現するために何をすべきかを明確化したものです。あなたの会社の施策は、会社の理念や目標につながっていると実感できますか？

これまでに述べてきたことを実践していただければ、経営計画に載せるべき施策は明白です。ＫＳＩの向上につながる仕組みをつくることが施策になります。振り返りますと、経営リーダーの人生観から導き出した理念（ドリーム、ビジョン、コアバリュー）をつくりました。次にビジョンへの中間地点としてＳＯ（戦略的目標）を設定しました。そして、ＳＯを達成するために日々追うべき指標、ＫＳＩを設定しました。すると、ＫＳＩを向上させる仕組みをつくることが会社の理念につながり、経営リーダーの人生の目的を達成することにつながります。

このようにすべてを一貫させることが大切になります。

たとえば、図表45のように、ＭＲＲ（月ごとの継続課金売上高）を指標として設定し、今年度の目標がＭＲＲ１０００万円だとします。すると今年度の重点施策は、ＭＲＲ１０

図表45　MRRを指標として設定した経営計画

○○社　2024年度経営計画

指標①MRR1000万円に向けた施策

なぜこの指標が大切か：事業の安定化を実現する

必要な仕組み	担当ポジション	いつまでに	どんな状態
1 記事量産化に向けた政策プロセス	CMO/ライター	2月末	2本/週の記事アップ
2 リライトプロセス	CMO/ライター	3月末	1本/週の記事リライト 成果測定
3 ステップメール運用	CMO	2月末	開封率40%、クリック率1%の維持体制
4 YouTube運用	CMO	5月末	2本/週の公開 成果測定
5 ホワイトペーパー/ウェブセミナー配信	CMO	6月末	100名/月の登録数

００万円達成ためにどんな仕組みつくるべきか？　という問いから導き出せます。その仕組みづくりと運用を誰が（担当役職）、いつまでに、どういう状態にするのかを計画していくわけです。

担当となった人は、その計画をさらに細分化し、部門計画、個人計画に落とし込んでいきます。単純な理屈ですが、このようにシンプルに考え、計画を立てることで、いわゆる一丸となった組織をつくることができるのです。

仕組みに欠かせない「マニュアル」を最高の人材育成に変える

仕組み化に欠かせないのがマニュアル化です。これまでに現在行っている業務を洗い出し、将来に必要な仕組みを考えていただきました。それらを標準化するためにマニュアル化に取り組みます。なお、この本で言うマニュアルには、一般に思い浮かべる作業のステップバイステップを書いた手順書のほか、チェックリスト、フローチャート、ガイドライン集なども含みます。いわば、仕事の心構えや、やり方を可視化したものがマニュアルです。

マニュアルについてネガティブなイメージを持つ方も多いかもしれません。それは世間一般に言われるマニュアルが本来のマニュアルの役割とはかけ離れているからです。ここで紹介する方法に基づいてマニュアル化に取り組んでいただければ、業務が再現可能になるだけではなく、最高の人材育成の機会に変えることができます。

■マニュアル化を最高の人材育成に変える方法

第1に、マニュアル作成の過程そのものが最高の人材育成になります。マニュアルを作成するためには、まず会社の理念を深く理解する必要があります。なぜなら、理念に基づいて自分の業務を見直し、最適な手順を考え直さなければならないからです。このプロセスこそが、社員1人ひとりに会社の理念を体現させ、最高の教育機会となるのです。面倒だからといって、外部にマニュアル作成を委託してしまえば、この貴重な機会を失ってしまうことになります。

第2に、マニュアルに基づいて業務を遂行することで、理念の共有と体得が可能となります。マニュアルは単なる手順書ではなく、会社の理念が具現化されたものです。したがって、マニュアルの型に従って仕事を進めることで、自然と理念の意味を「意識」するようになります。これは〝型〟から〝意識〟へと導く伝統的な技能修得の過程と同様です。型通りの実践を重ねることで、理念の本質が身につきます。

第3に、後輩にマニュアルに基づいて指導を行うことが最高の学びの機会となります。なぜなら、後輩に適切に教えるためには、マニュアルに込められた会社の理念を深く理解していなければならないからです。単に手順を伝えるだけでなく、その背景にある思想や価値観を説明できるようにならなければいけません。そのプロセスで、自らもマニュアルの本質を再確認し、理念をさらに深く体得することができるのです。

図表46　マニュアルに暗黙知が蓄積され標準化されていく

このように、マニュアル作成、実践、そして指導の3つの段階を経ることで、マニュアルなしでは一人前になるのに5年かかることであっても、2年や1年でそのレベルに到達できることを目指します。

振り返ってみれば、卓越した技術やノウハウを書き起こし、後世に残すことは人類発展に大きく寄与した活動でした。たとえば、『風姿花伝』は、世阿弥が記した能のマニュアルとも言えます。個人個人が持つ暗黙知（属人的な考え方やコツ、ノウハウなど）が文書として記録され、それを標準として後進の人たちが学び、さらに改善していくことで、標準レベルが高まっていきます。

世の中のすべての分野でそのように標準レベルの引き上げが行われてきたからこそ、いまの発展があります。マニュアルを作成し、活用、改善していくことは、会社全体の標準を引き上げていく活動になります。愚者は経験に学び、賢者は歴史に学ぶと言います。愚者は自分だけの経験でしか学べないのに対し、賢者は先人の経験からも学ぶことができるから賢者になり得るわけです。

■事例――仕組み経営ファシリテーターマニュアル

私のマニュアル化の事例をご紹介させていただきます。そもそも、いまの私の仕事のスタートは、私が自分で講座を開催し始めたことでした。そのために自らつくったテキストを使っていました。通常、講座ビジネスなどの事業は、講師である自分自身がスターとなり、集客し、営業し、講座を開きます。そして事業が拡大していくと、アシスタントやサポート役を誰かに頼み、自分が講座に集中できるようにします。

しかし、このやり方ですと拡張性に限界があります。私の場合、幸いにもガーバー氏から学んでいたことで、最初から仕組み化の発想がありました。そこで、先ほどご紹介した現場を抜けるためのステップの通りに実践したのです。

まず、講座を自分でなくてもできるようにしようと考えました。最初から、自分がスターになるのではなく、講師を育てようと考えていました。自分が講座を行うのはあくまで講座開催の試作モデル（プロトタイプ）をつくるためと考えていました。そこで、うまくいく講座の運営方法を自分で試し、うまくいった方法をマニュアル化しました。

●マニュアルを使って講師の育成を行う

次に、つくったマニュアルを使って講師育成のための研修を行いました。この研修は2日間です。この2日間でマニュアルに沿って、ひと通り講座の開催を体験してもらいます。これによって、講座開催のイメージを持ってもらうことができます。

結果、その2日間の研修を受けていただいた方は、私と同じように講座を開催できるようになりました。正直、私よりもうまく講師を務められる人もいました。

このマニュアルがなければ、講師業を任せるのに短くても数カ月はかかっていたでしょう。しかし、マニュアル化したことで、わずか2日間で育てられたのです。このことによって、私自身も空いた時間で新しい仕事に取り組むことができ、事業拡大を目指すことができます。また、講師となっていただいた方も講座を開催することによって収益を上げられます。なかにはこれまで講師業をやったことがない人もいます。マニュアル化、仕組み化したことによって、これまでに彼らがやったことのなかった仕事をできるようになったのです。

このように、正しい目的や順序に沿うことで、マニュアル化、仕組み化は人々の可能性や創造性を解放する手段となり得ます。

では、事業の拡大や人の成長につながるマニュアル化のポイントを見ていきましょう。

■マニュアルでは最低限度の仕事をコントロールする

マニュアル通りに仕事をすることで、最低限度の仕事をできるようにすることが大事です。最低限度というと機械的で無機質な仕事のやり方を連想するかもしれませんが、そうではありません。ここでいう最低限度とは、自社独自の顧客価値を満たすレベルのことです。

そのマニュアル通りの仕事を繰り返し行うことで、ほぼ無意識に顧客価値を満たす仕事がこなせるようになります。すると、今度は創意工夫する余裕が生まれ、もっと良いやり方を考えたり、より細かいことに気を使えたりするようになります。

●大事なのは目的

各作業マニュアルに含まれる代表的な項目としては、次のようなものがあります。これらのなかから、必要に応じて選択します。

・タイトル（作業名）　・文書番号　・作成日　・概要　・成果・目的　・責任者
・開始条件　・タイミング／頻度　・想定作業時間　・インプット・アウトプット
・必要スキル　・リソース　・フローチャート　・手順　・基準

とくに大事なのは成果・目的です。成果・目的には、何のためにその業務を行うのかを記載します。

図表47は先ほど申し上げた仕組み経営ファシリテーター用のマニュアルの一部です。講座のあるパートを進めるための方法が書いてあります。手順には実際の進め方が書いてありますが、手順を機械的に行っては受講生に満足を与えられません。そこで成果を明確にするのです。

成果には、「この講座で得られる成果を理解してもらい、参加意欲を高め、積極的な参加を促す」とあります。この成果を達成することが第一です。この成果が達成できていないと感じたら、手順に従う必要はありません。もう一度繰り返し説明したり、受講生の疑問を解決したりすることに時間を割きます。成果が得られないことが複数回発生するならば、手順を改善することが必要になります。

図表47　マニュアルの例

成果		この講座で得られる成果を理解してもらい、参加意欲を高め、積極的な参加を促す。
時間		3分
手順	1	イントロダクションをファシリテーターが読む。
	2	講座を輪読形式で進めていくことを伝え、「本講座の前提条件」の最初の一文を読んでもらう受講生を指名する。 例:「それでは次の一文を○○さん、読んでいただけますか。なお、この講座はこのようにして輪読形式で進めていきますのでよろしくお願いします」
	3	前提条件を受講生全員が満たしていることを確認する。受講生が理解していない項目があれば、簡単に説明する。
		同様に、「本講座で得られる結果」を１項目ずつ読んでもらう。最後に、疑問点がないかを確認して、次に進む。

大聖堂のレンガを積み上げている人に対し、「この仕事は単にレンガを積み上げることではない。人々が心を安らげる場所をつくることだ」と伝えるために、その作業の「成果・目的」を明記するのです。先にご紹介した職務契約書の成果定義文にも同じ役割があります。

最近では動画を使ったマニュアルも増えていますが、含めるべき要素は紙の場合と変わりません。成果・目的を明確にしたうえで動画を作成することが大事です。

●活用シーンをイメージしてから始める

マニュアル作成には多くの社員の労力と時間を必要とします。その投資効果を得るためにも、マニュアル化の目的を明確にすることが大切です。また、トップダウンでマニュアル化を進めると、「社長（上司）に言われたからつくる」というように、作成自体が目的となり、活用されないマニュアルが生まれる原因となります。

そのため、現在のままでは問題があることと、その問題をマニュアルを通じて解決するという目的を全社に共有させる必要があります。そして、実際にマニュアルが活用されているシーンを想定しながら作成に入ることが大切です。

たとえば、主に本社で活用するのであれば、ＰＣで見ることを想定したマニュアルでも良いかもしれませんが、外出が多いユーザーが活用するのであれば、スマホで見ることに最適化したマニュアルが必要になります。

作成したマニュアルを最終的にどのような形態で社内に残すかも決めましょう。たとえば、部署ごとに必要なマニュアルをバインダーで物理的に配布するのか？　その場合の印刷サイズは？　または、共有フォルダなどデジタルデータだけにするのか？　何かの情報共有ツールにまとめるのか？　物理的な配布、デジタルデータのいずれにしろ、置き場所をどうするか？　などです。

●マニュアルの書式、表現、記載粒度を決める

メッセージはその内容と同じくらい、どのように伝えるかが大事である、という言葉があります。いくらマニュアルをつくっても、ペラペラの紙にバラバラのフォントであれば、誰も見ようと思いません。〝これは大事な文書なんだ〟と思ってもらうようにしましょう。そのために用語や表現、記載粒度を整えることが大切です。

表現の統一……作業担当者が主語になるようにする。

- 「〇〇します」⇓〇
- 「〇〇してください」「〇〇お願いします」⇓×
- 「ですます調」にする（命令口調だとやらされ感が出る）。

断定的表現を使う……読み手次第で基準が変わらないようにする。

- 「〇〇します」⇓〇
- 「〇〇に注意します」「できるだけ〇〇します」「頑張って〇〇します」⇓×

● **用語の統一**

社内で使われている言葉を統一するために、用語集を用意しておくことも推奨されます。社内的には説明不要と考えられている言葉であっても、新人からすると意味がわからないものもあります。また、支店ごと、部署ごと、人ごとに呼び名が違う機材や仕組みがあると、マニュアルの内容も複数の捉え方が存在することになってしまうため、統一しておくことが大切です。

（例）
お客様の呼び方：顧客orクライアントorお客様etc.
社員の呼び方：社員orスタッフor従業員etc.
用具の呼び方
予算、提案、企画などの概念の社内的意味

●記載粒度の統一

記載粒度とは、どこまで細かく書くかです。放っておくとある人は非常に細かく、ある人はとても大雑把に書くことになります。たとえば、「○○に電話をかける」という手順があった場合、

・受話器を取ります。
・電話番号を入力します。
・話します。
・受話器を置きます。

といったことまで細分化して記載する必要はないのは明白です。社内で作成したマニュアルを持ち寄り、どれくらいの粒度にすべきかを決めましょう。

●マニュアル管理マニュアルの作成

マニュアル管理マニュアルとは、その名の通りマニュアルの管理に関するマニュアルであり、以下のような項目が含まれます。

・マニュアルの意義
・管理体制図
・機密保持
・改訂のルール

・保管方法
・差し替え方法

●マニュアル改善会議の実施

大前提のお話をしますが、マニュアルというのは、〝その時点において、その仕事を行う最も効果的であろうやり方〟を記載したものです。

あくまで、その時点、というのが大切です。仕事は改善、改善の連続です。したがって、もっと効果的な仕事のやり方が見つかれば、マニュアルもそれに応じて改善する必要があります。とくに中小・成長企業の場合には、日常業務と改善活動の間にほとんど境目がありませんから、仕事のやり方もどんどん変わるでしょう。

そこで、改善のための仕組みをつくる必要があります。通常はマニュアル改善会議を四半期に一度くらい設定し、変更点はないか、もっと良い方法はないかを考える機会を設けます。これによって業務が改善できるだけではなく、再現可能になります。

また、マニュアルづくりが大変だからといって、外注したいという気持ちになるかもしれません。気持ちはわかりますが、冒頭で申し上げた通り、お勧めはできません。マニュアル作成を外注し、きれいなマニュアルをつくった場合には、〝マニュアル＝誰かがつくってくれたのを見るもの〞という認識が社内にできてしまいます。仕事内容が改善され、マニュアルが実態にそぐわなくなってしまっても、誰もそれを改善しようとする意思がありません。

いっぽう、最初からマニュアルを自分たちでつくれば、話は別です。マニュアル＝見るものではなく、「マニュアル＝つくるもの」という認識が生まれますので、実態にそぐわなくなれば、それを改善していく文化をつくるのも簡単です。マニュアルというのは、見るものではなく、自分たちで改善し続ける生きた文書なのです。

1日1時間「起業家の時間」

この章では、さまざまな分野の仕組みづくりについてご紹介してきました。ずいぶんやることが多そうだなと思われたかもしれません。しかし心配はいりません。まずは1日1時間だけ、「起業家の時間」を取るようにしてみてください。起業家の時間は会社の未来を考え、仕組みづくりに取り組む時間です。

この章でご紹介したことを1つひとつ考え、社内に落とし込んでみてください。1カ月に1つの仕組みづくりに取り組むだけでも1年で12個の仕組みができます。これだけでも会社は劇的に変わります。

以前、宿泊施設の経営者の方が私たちの講座にご参加されました。当時、その方は2拠点ある施設の現場で毎日、朝から晩まで働いていました。その講座で仕組み化に取り組む決意をし、毎朝1時間だけ「起業家の時間」を実践することに決めました。

1年後、講座のOB会みたいなものがあり、その経営者もやって来ました。すると、「起業家の時間を続けたおかげで、もう午前中は会社に行かなくても大丈夫になりました。おかげで仕組み化に取り組む時間も増え、どんどん改善しています」とおっしゃっていました。

さらに1年後のOB会、今度は「午前中どころか1週間会社に行かなくても現場がちゃんと回るようになりました。いまは日本中の宿泊施設を回って勉強し、勉強したことを社内に伝えて改善してもらっています」と報告してくれました。

「起業家の時間」は、私がマイケル・E・ガーバー氏から教えってもらったことです。それをそのまま受講された方にお伝えしていただけでした。なので、そんな成果を出すなんて、と私自身も驚いてしまったのです。

大切なのは取り組む時間の多さではなく、仕組み依存へと視点を変えることです。視点の変更によって社長の言動も変わり、社員も変わります。したがって、1日1時間からでも仕組み化に取り組むことで会社が変わっていきます。

これは私からあなたへの約束です。

第4章

「仕組み依存文化」の変革期に起こる問題と対処法

前章では、仕組み化の進め方について見てきました。実際、この手順に沿って進めると、さまざまな壁や抵抗が出てくるのも事実です。そこで、本章では、よくある壁とその乗り越え方について見ていきましょう。

その① 理念や仕組み化の計画に抵抗する社員がいる

よく言われるように、ベテラン社員ほど変化に抵抗するものです。抵抗には、反対意見を言ってくるなどの顕在化した抵抗、何も言わないが雰囲気で周りの士気を下げる潜在的抵抗という2種類があり、後者のほうが面倒です。

抵抗をする社員は放っておきたいのが本音ではありますが、リーダーとして好ましい態度ではありません。抵抗する社員には、正対して話をするしかありません。膝を突き合わせて話をするということです。そのためには、前章でカバーしたように、経営リーダーの人生観を起点とする理念、すなわち大義名分や錦の御旗を持つことが欠かせません。

このような話し合いは身体的トレーニングのようなものです。はじめは困難に思えますが、繰り返すほどにリーダーとして成長し、コミュニケーション能力や説得力が磨かれていきます。

とりわけ対応が困難なのが、家族経営の会社を継いだときの組織戦略です。先代からの功労者が重役になっており、改革への妨げになっていることもあります。あなたとしては、若手で自分の同志をそのポジションに引き上げたいと考えるかもしれません。この場合、次世代を担うものには役職を上げ、これまでの功労者には金銭で報いるというのが原則になります。それで納得してもらうよう話さねばなりません。

その② 計画を進めたら、社員が辞めたいと言ってきた

変化に伴い、社員が退社の意向を表明することがあります。あなたとしては1人の社員も辞めさせたくはないと思うかもしれませんが、ビジョンや価値観を明確にしていけばいくほど、もともと会社に合わなかった人があぶり出されてくるものです。

あなたが取るべき対応は、あなたのメッセージが正しく伝わっているか、つまり誤解が生じていないかを確認することが大切です。そのうえで、やはり辞めたいというのであれば、その人を引き留めるのは難しいでしょう。

私の好きな言葉で「3歩進むために2歩下がることを恐れてはならない」というものがあります。会社を人依存から仕組み依存に変えていくためには、ときに2歩後退して、自社の本質を見直すことも求められます。

あなたがやるべきことは、辞めたいという社員を無理矢理引き留めようとすることではなく、次に入社してくる人がそうならないように、採用やオンボーディングなど、会社の仕組みを整えることです。

その③ ルールや制度をつくったが、もとに戻ってしまった

新しい制度やルール、プロセスを導入したものの、もとに戻ってしまうこともあります。組織は慣性が働くものであり、これまでの慣れきったやり方に戻ってしまうのです。新しい仕組みが定着しない原因としては以下のようなものが挙げられます。

・新しいやり方が面倒

もとのやり方のほうが楽で、成果が出るから⇓現場を知らないリーダーが勝手に仕組

みを変えたり、社員を統率したりするとこうなります。仕組みは社員を楽にさせながら、会社の目標につながるものが理想ですから、複雑な仕組みは見直す必要があります。

・上司や経営陣が実践していない

組織内に特権階級をつくってはなりません。決めたことはリーダー層から実践しなければなりません。

・新しいやり方でやっても報酬（メリット）がない

うちの会社では、このやり方や基準通りにできる人が評価される人ですというメッセージを伝え、実際その通りにしなければなりません。

その④　職人技が仕組み化できない

職人技は個人の卓越した技術や経験に基づくものであり、一見すると仕組み化が難しいように思えます。しかし、いくつかの方法によって職人技術を生かしながら、仕組み化が可能になります。

第1の方法として、職人技を他に転用し、スケールできる領域を探すということがあります。たとえば、前章でご紹介した「スリー・デイズ・キッチン」では、自分たちの職人技を生かしながらも、新しい領域を絞り込むことでスケール可能な事業を展開することができました。自分たちの職人技を活用できる商品、サービス、市場、ニーズなどを幅広く考え、新しい事業を生み出すことです。

第2の方法として、職人技の仕事を細分化し、簡単な部分と本当に難しい部分に分け、分業することです。たとえば、私たちのような仕事の場合、1人の人物が講座、研修、コーチングといった業務をこなすことになります。ただ、これら全部の仕事をこなせるようになるのにはとても時間がかかるのです。

そこで、比較的仕事が標準化しやすい講座や研修は初級レベルの仕事として、コーチングは上級レベルの仕事として分けてみます。こうすると、初級レベルの仕事は新人に任せることができます。すると、新人はその仕事を通じて成長できますし、上級者はコーチングに集中できます。このように成長段階を付けることで、育成の仕組みをつくると同時に、分業化による生産性向上が可能になります。

第3の方法として、育成の仕組みをつくり込むことです。職人技による仕事はステップバイステップの手順には分けられないことがほとんどですが、ガイドラインをつくることはできます。参考までに、私たちがコーチを養成する際には、次の3つをつくります。

1. 仕組み化のためのカリキュラムを全部自習してもらうための動画やテキスト
2. 各カリキュラムをもとにコーチングする際のガイドライン集
3. よくある質問への回答など

これらの資料を整えたうえで、毎月の勉強会や実際にクライアント対応する際のサポートなどを用意しています。コーチングという仕事もかなりの職人技が求められますが、これらの仕組みを整えることで、育成スピードを上げるような試みをしています。

その⑤ 仕事を任せたいが、任せられない

この本でご紹介した理念の明確化や仕組みづくりに取り組むために、いまの仕事を社員に任せたい、でもなかなかそれができないという悩みが生じるかもしれません。任せられない理由は、大きく2つあります。

1つ目は、任せ方がわからないということです。これは仕事を任せるための仕組みがないことに起因します。仕事を任せるための仕組みとは、何を、どれくらい任せ、どのように報告をもらうかを決めることです。いわゆる報連相のやり方を仕組み化するわけです。

2つ目は、経営リーダーが持つ意識です。組織を停滞させる経営者の意識を「組織の機能不全」と呼んでいます。そのなかから仕事を任せることを妨げている3つのパターンをご紹介します。

■1.マイクロマネジメント志向――社員に失敗を許さない理不尽な考え

あなたはこれまで試行錯誤しながら、自らのスキルや能力を身につけてきたはずです。しかし、その仕事を社員に任せる際には「絶対失敗するなよ」というプレッシャーをかけてしまうことがあります。それがマイクロマネジメントにつながります。

このような考え方は理不尽です。自分も試行錯誤し失敗を重ねながら成長したのだから、社員にも同じチャンスを与えるべきです。とある海外の起業家は「10倍の時間基準」を持つことが効果的という話をしていました。自分が1時間でできる仕事なら、社員には10時間かかってもいいと考えるのです。もちろん、最初は10時間かかったとしても、慣れてくれれば9時間、3時間と所要時間は短くなっていくはずです。

■2．過剰な責任感――他人の責任を奪い取る

経営リーダーは会社で起こるすべてのことについて責任を負います。しかし本来、あるポジションについている人が負うべき責任までを肩代わりすることは好ましくありません。野球チームのピッチャーが、〝すべて自分が責任を持つ〟と意気込み、外野まで走ってボールを取ろうとするようなものです。これでは本来のピッチャーの役割が十分に果たせませんし、外野のプレイヤーが本来の自分の責任を放棄してしまいます。

あなたの役割は、それぞれのポジションの人が責任を果たせるように、会社との約束を明確にし（職務契約書など）、能力を与え（育成の仕組みなど）、約束が果たされているかどうかをお互いに確認する（1on1など）ことです。

■3．過度な業績志向――忙しさ中毒

忙しくないと仕事した気にならないという状態を〝忙しさ中毒〟と言います。過度な業績志向があると忙しさ中毒に陥り、人の仕事を奪ってでも自分の仕事をつくり出すということになってしまいます。

人を駆り立てると同時に、自らが働きすぎ、燃え尽き症候群になる可能性があります。

仕事と生活のバランスの崩れや英雄への憧れが見られます。この傾向にある人は、少しペースを緩めて、自分の仕事に十分な意味づけを行うことが大切です。そうすることで、周囲の人たちを理解できるようになり、彼らの協力が得られるようになります。

その⑥　現場に逆戻りになってしまった

仕組み化が進んで現場から抜けることができたものの、担当者が離脱したり、業績が落ちたりして、自分が現場に戻らなくてはいけなくなったということもあろうかと思います。仕組み依存の会社をつくり上げるのであれば、現場に入る際、いくつか念頭に置いておきたいことがあります。

●1．現場で働くときは、現場のルールに従う

現場で働いているときには、もう経営リーダーではありません。担当者と同じ扱いです。したがって、担当者が従っているルールに従わないといけません。つまり、特権階級的な立場をつくらないことです。これは規律を保つためにとても大事なことです。

●2．一時的に現場担当者の帽子をかぶっていることを忘れない

経営リーダーを野球チームの監督とするならば、たまたまファーストのケガで欠員になっているために、そのポジションを肩代わりしているということを忘れないようにします。頭のなかに組織図を思い描き、自分はいま一時的に組織図のこの役割を担っていると理解しながら働くことです。

●3．仕事の試作モデルをつくりながら働く

現場で働いている間、どうすればこの仕事を仕組み化できるか、自分じゃなくても同じように成果を出せるかということを考えながら働きましょう。言い換えると、仕事の試作モデルをつくりながら働くことです。

たとえば、最初、私が講座をやっていたときは講座の各パートにどれくらい時間がかかるのかをスマホのストップウォッチで測り、自分にしか語れないような話はしないなどといったことを心がけました。あとから講座の開催方法をマニュアル化するためにそうしていたのです。

つまり、自分がやっている仕事をほかの人に渡すという前提でやることです。これは現

場の仕事のみならず、すべての仕事に当てはまります。

現場に入る場合には、このようなことを考えながら働くことで、現場を任せる準備ができます。

その⑦ 仕事量が増えて生産性が下がった

生産性を上げるために仕組み化に取り組んでいるのに、やることが増えて逆に生産性が下がってしまったということもあるかもしれません。そうならないように「パレートの法則（80：20の法則）」を活用しましょう。ご存じかと思いますが、パレートの法則は、全体の大部分（80％）は全体を構成するうちの一部（20％）の要素が生み出しているという法則です。

仕組みづくりにもパレートの法則を活用することができます。8割の効果を生み出す2倍の仕組みは何なのかを考えることです。たとえば、「仕組み化戦略―現状からのアプローチ」で、いま行っている業務を洗い出しました。それらの業務のうち、全体の生産性を高めるために決定的に大切な2割の仕組みは何かを考えてみましょう。まずはそこから取り組むことで、精神的にも時間的にも余裕ができ、さらに生産性を高める仕組み化に取り組むことができます。

その⑧　ルールを厳しくしたら反発が起きた

重要なのは、ルールを設けた際の心構えです。ルールの目的が社員の成長、顧客の利益、組織の発展につながるものであれば、そのまま維持し続けることが賢明でしょう。そのためにはここでも大義名分を持つことが大切です。

いっぽう、単に上意下達の権力的ルールであれば、見直しが必要かもしれません。仕組みづくりの際には、まず、社員や顧客に対する思いやり、すなわち「仁」が最初にくるべきです。そのうえで、責任感を持たせるためのルール、すなわち「義」を守らせることです。

その⑨　理念が伝わらない

この本のステップに沿って理念をつくり、それを社員に発表したものの、どうも反応が悪いということもあろうかと思います。この場合、あなたが伝えたいことしか伝えていない可能性があります。

理念が商品、社員が顧客として考えてみましょう。社員があなたの理念を「買う（採用する）」と言うためには、彼らにとって何の意味があるのかを伝えなくてはなりません。「うちの会社はこうなる」ではなく、「あなたはこうなる」と話す必要があるわけです。

そのためには社員が何を望み、何を知りたいと思っているかを知る必要があります。すべての人が望むことは成長です。成長こそ生命の本質だからです。したがって、彼が能力的にも、人間的にも、経済的にもどう成長するのか？　それがどう会社の方向性とリンクしているのかを伝えることが大切であろうと思います。

その⑩　自由時間が増えたが、なぜか不安

幸いにも仕組み化が進んでくると、経営リーダーの自由時間は増えます。本来、それを望んでいたにもかかわらず、実際に自由になると不安になり、ついつい社員の仕事に余計な口出し、手出しをしてしまうかもしれません。

これまで一生懸命働いてきた人ほど、忙しさ中毒に陥り、このような傾向になります。また、自分が直接顧客対応をしなくなることによって、顧客からの感謝や喜びが得られず、焦燥感、喪失感のようなものが出てくることがあります。

ただ、そういった感情は一時的なものです。仕組みづくりに取り組み、その仕組みによって社員が成果を出し、顧客が喜ぶ姿を見れば、自分が直接的に現場仕事をしていた時よりもはるかに大きな喜びを得られるはずです。

その⑪ 先代がつくった仕組み（慣習）から抜け出せない

家族経営の場合、先代との関係性や他の親族が会社に関わっているかどうか、どれくらいの規模感かなどの状況が異なり、対応が複雑になると思います。

原則として言えるのは、先代や既存社員の心理的ハードルが低い仕組みから新しいものに変えていくということです。手間がかかっている書類作成業務をデジタル化して負荷を減らすなどです。これによって仕事がラクになるという実感が持てれば、少しずつ協力者が生まれてくるはずです。

マイケル・E・ガーバー氏は、先代までの組織（Old Co）とこれから自分がつくり上げる組織「New Co」と表現しているのですが、一緒に「New Co」をつくってくれる同志を集めていくわけです。

第5章

「仕組み化」をあなたの会社で効果的に活用する方法

あなたの仕組み化はどのレベルに到達するのか？

「仕組み化するのに、どれくらいの時間がかかりますか？」と聞かれることがあります。実際のところ、どんな優れた会社や仕組みであっても、まだ改善できる余地があるので、ずっと続きますと答えざるを得ないところです。

あの山がゴールだと思って登っていったものの、実際に登頂してみるともっと高い山が見え、本当のゴールはここではなかったことを知る。こんなことを繰り返すのが経営であり、人生だと思います。会社をつくり上げていくなかで、あなた自身の基準が高まり、より高みを目指すようになるわけです。

私の好きな「黒帯の話」があります。

長い修行の末、ついに黒帯を受け取れることになった武道家に師範が言った。

「黒帯を受け取る前に、もう1つ、最後の試練がある。大切な質問に答えてもらわなければならん。黒帯の本当の意味は何なのか」

「旅の終わりです。これまでの厳しい修行に対する当然の褒賞です」

師範は押し黙っていた。この答えに満足していない様子だった。しばらく経って、師範は口を開いた。

「まだ黒帯を与えるわけにはいかないようだ。1年後に来なさい」

1年経って、武道家は再び師範の前にひざまずいた。師範は質問をした。

「黒帯の本当の意味は何なのか」

「武道で卓越した技を持ち、頂上に達したことを示すものです」

師範は押し黙って、それに続く言葉を待っていた。この答えにも満足していない様子だった。しばらく経って、師範は口を開いた。

「まだ黒帯を与えるわけにもいかないようだ。1年後に来なさい」

また1年経って、武道家はまた師範の前にひざまずいた。師範は同じ質問を繰り返した。

「黒帯の本当の意味は何なのか」

「黒帯は出発点です。常に高い目標を目指して、終わることのなく続く修行と稽古の旅の始まりです」

「そうだ。ようやく黒帯に値するようになったようだ。修行はこれから始まるのだ」

とはいえ、仕組み化を進めていくにあたって、ある程度のロードマップはあります。ここでは仕組み化レベルマップというものをご紹介したいと思います。いま自社がどの位置にあるのか、どこを目指すべきかを考えながらご覧ください。

●レベル0．仕組み化の発想がない

仕組み化の発想がないために、あらゆることが属人化しています。組織というよりも、個人事業主の集まりのような所帯です。

●レベル1．仕組み化の必要性を認識しているが手を打っていない

仕組み化の必要性に気づいているものの、何も手を打っていないので、状況的にはほぼレベル0と同じです。このレベル0と1の状態を「カオス組織」と呼んでいます。カオスという言葉は良い意味でも使われることがあります。その際の訳し方としては、〝渾沌〟です。渾沌はこれから何かが生まれそうな予測不可能な状態を指します。

言い換えればクリエイティブな状態です。しかし、ここで言うカオス組織は、〝混乱〟

を意味しています。混乱は無秩序であり、モノや情報が散らかっていて生産性が低い状態です。この段階では事業の中心に経営リーダーがどっぷり浸かっており、「リーダー＝事業」です。

●レベル２．事務作業が仕組み化されている

マニュアル化やツール化などを進めて、経営リーダーが事務作業（定型業務）から手を放すことができる状態です。ようやくカオス組織から抜け出し始めます。ただ、それ以外の業務は相変わらず属人化しており、リーダーが現場で働き続けないと会社が回りません。

●レベル３．日常業務が仕組み化されている

第３章でご紹介した価値提供プロセスやサポートプロセスが仕組み化され、安定運用されている状態です。とりあえず経営リーダーが現場に関わらなくても売上が立ち、長期出張に出ても安心できる状態と言えます。

このレベル３くらいの会社を自己管理組織（仕組みで回る会社）と呼んでいます。仕組み化への取り組みから１年半から２年くらいでこの状態を目指せると理想的です。

●レベル4．戦略的な仕事が仕組み化されている

価値提供プロセスとサポートプロセスに加え、マネジメントプロセスも仕組み化され、安定運用されている状態です。これを「自己成長組織（仕組みで勝手に成長する会社）」と呼んでいます。経営リーダーは長期的なビジョンの立案や新規事業の開発に時間を使えます。

私たちのお客様にはこのレベルに到達されている方が何人もいらっしゃいますが、自分が社内にいないほうが成長するとおっしゃる方もいます。自分が社内にいると、どうしても社員が自分の判断を仰ぎに来ざるを得なくなり、仕事が滞るからとのことです。

このレベルになると、経営リーダーと事業の関係性は薄くなり、事業が移転可能になります。そのため、たとえば誰かに承継したり、会長職に勇退したりすることもできるでしょう。仕組み化への取り組みから2年半から3年くらいで実現できると理想的です。

●レベル5．自社ウェイが確立され、強みになっている

仕組みが隅々まで構築され、改善され続けています。仕組みが理念やブランドに基づいているため、〝自社ウェイ（自社ならではのやり方）〟が会社の強みになっています。業界や世間的に見ても注目される会社、モデリングされる会社になっています。私たちはこのレベルの会社を「ワールドクラスカンパニー®」と呼んでいます。

ワールドクラスカンパニー®は以下の4条件を兼ね備えている会社です。

・革新性
崇高な志やビジョンとともに、現状の改善を続ける仕組みがあることです。未来を見据えながら現状の仕事に一生懸命取り組むことで、創造力が発揮され、革新と言えるような大きな変化が生まれます。革新とは、人々に単に何かを売って、少しばかりの変化をもたらすことではなく、人々の人生に変革をもたらすことです。

・拡張性
売上と経費が比例して増える膨張ではなく、売上拡大とともに合理化が進み、小さい組織でも大きなインパクトを生み出せるようになることです。そのような組織はより大きく成長できる可能性を秘めています。

・永続性
経営者が変わっても同じように成長できることです。世代を超えて存続している会社には、確固たる思想（社会性）と仕組みが存在します。

・一貫性

いつでも、誰でも、どこでも同じ価値を顧客に提供できる仕組みがあることです。これにより、素晴らしいブランドが生まれます。

これらの条件を兼ね備えることで、その会社は、いわば〝すべての会社にとってのお手本〟となります。お手本となるような会社が次々と生まれれば、ほかの会社にインスピレーションを与え、ともに繁栄していくことができるはずと考えています。

そして、ワールドクラスカンパニー®をつくるために必要なことは3つあると考えています。

1つ目が起業家精神です。私たちの生活は、起業家がつくってきたものです。日本には、数えきれないほどの起業家のストーリーがあります。過去のストーリーを語り継いでいくことはもちろん、いま、この時代に生きる私たちが、次なる起業家として新しいストーリーをつくっていくことが、本当の役割ではないでしょうか。

2つ目に、同じく日本人が大切にしている匠(たくみ)の技・クラフツマンシップ（自己成長を続け、商品やサービスの細部への卓越性を追求すること）です。日本には優れた技能や技術、サービスを持った会社や仕事人がたくさんいます。クラフツマンシップによって生まれた

図表48 ワールドクラスカンパニー®になるための仕組みへ

レベル	組織レベル	仕組み化の状況	経営リーダーと事業の関係性
0	カオス組織	仕組み化の必要性を認識していない	
1		必要性を認識しているが、手を打っていない	
2	自己管理組織	事務作業が仕組み化されている	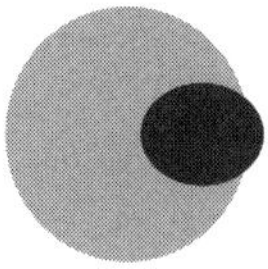
3		日常業務が仕組み化されている	
4	自己成長組織	戦略的な仕事が仕組み化されている	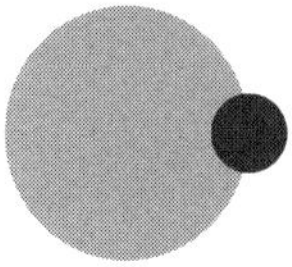
5	ワールドクラスカンパニー®	自社ウェイが強みとなっている	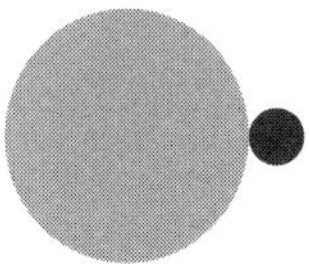

商品やサービスは世界中どこでも求められるものになります。

さらに、自社が持つ価値をより多くの人に伝えていくために必要なのが、3つ目のシステマイゼーション（仕組み化）です。このシステマイゼーションこそ、多くの日本企業が苦手とする部分だと私たちは考えています。だからこそ、海外発の考え方とメソッドを使い、日本企業の仕組み化を支援しています。

世の中を良くしていきたいという「想い」、そして顧客の問題を解決するこだわりの「商品やサービス」、さらにそれを広めるための経営の「仕組み」。これら3つが相まって、世の中に役立つ素晴らしい会社が実現するのではないでしょうか。

仕組み化取り組み事例——社長がほぼ出社なしで経営が回る介護事業の会社

岩下さんは弟妹で創業された介護事業を、ガーバー氏の『はじめの一歩を踏み出そう』の考え方を基に仕組み化に取り組まれてきました。創業時から組織戦略を明確にしたことで、各部門の役割と責任が明確化されました。

また、調理部門からマニュアル化をスタートし、業務の手順や基準が明確化されました。これによって、新しい高齢者住宅の立ち上げ時には、２日間のトレーニングで新スタッフが業務を遂行できるようになりました。

さらに、評価と給与制度をマニュアルに連動させる取り組みも行っています。これによって、「給与が低いと思うのなら、この仕事をできるようになってください」といえるような仕組みになっています。

こういった仕組みづくりによって、現在では介護事業はほぼスタッフに任せられる状況となり、２０１９年からは新規事業の一般社団法人日本高齢者改善介護協議会をスタートされています（参照：インタビュー記事。https://www.shikumikeiei.com/manualization-case-fivearrows/）

まとめ：人依存からの抜け出し方

さて、本書の冒頭で人依存経営の７大パターンについて申し上げました。これまで述べてきた仕組み化の手法を実践していただければ、これらのパターンから抜け出すことができます。

図表49　まずは「人依存」を抜け出す

パターン	抜け出す方向性
職人型経営	価値提供プロセスを改善し、安定的な売上を上げる。人を雇い、プロセスを仕組み化し、自分が現場から抜けられるようにする。
ハブ型経営	組織戦略で各ポジションの役割を明確化。各メンバーが自分の責任を認識し、自己判断できるようにすると同時に、理念の共有を行い、判断基準を共有する。
他責型経営	仕組み依存組織への変革を宣言し、経営リーダー自ら、社員のせいにするのをやめる。
三者三様型経営	価値提供プロセスを仕組み化し、それを実行できるように社員を育成する。
偽移譲型経営	経営チームを運営し、1人の幹部に依存するのを避ける。
ハローグッバイ型経営	サポートプロセスを改善し、仕組み化することで、社員との約束を守る。また、入口（採用）を制御し、カルチャーフィット採用の仕組みをつくる。
烏合の衆型経営	理念、目標、指標を明確にし、全社の方向性を一致させる。経営リーダーが1つの利他的な夢を発見することも欠かせない。

最後に、その抜け出し方を簡単にまとめておきましょう。

これをご参考に、本書の内容を振り返り、ぜひ仕組み依存経営への変革を実現させてくださいね。

おわりに

「標準サービス」のところで、建設業界で名を馳せている職人集団の例をご紹介しました（184ページ）。彼らは仕組み依存に変革したことでスケール可能な事業になりました。その後、この集団のリーダーは、顧客からスタッフの対応について褒められ、「こんな良い人たちをどこで見つけたのですか?」と聞かれます。

リーダーは答えました。

「知っていたら良かったのに」

彼がこう答えた意図は何だったのでしょう。

私は、〝良い人たちは実はもともと自分の会社に居たのだ。過去の自分はそれに気がつかなかった。もっと早く、そのことに気がついていればよかった〟ということだと思います。彼は自分の熟練した技で仕事をこなし、スタッフを率いていました。それが彼の誇りだったのです。しかし、怪我をしてそのやり方ができなくなった。そこで、自分の熟練技に依存することなく、スタッフを養っていける「仕組み依存」の事業モデルに変えていきました。

仕組み依存というと人を軽視しているように思うかもしれませんが、実は正反対なのです。仕組み依存の会社に変えていく過程、またその結果として、弟子でもあったスタッフたちが、自分たちの新しい可能性や新しい能力に気がつき、顧客から驚かれるような活躍をし始めたのです。つまり、リーダー自身が視点を変えることが、良い人を見つけるきっかけとなったのです。

翻って、人依存の会社では、

いい人材さえいれば……、

彼らがもっと成長してくれさえすれば……、

自分の右腕さえいれば……

と妄想しています。

これはまさに妄想です。

良い人材・悪い人材というのは、社長の相対的な価値観でしかなく、八百万（やおよろず）の特性があるだけです。会社に良い仕組みがあることで、人はうまく働くことができます。

逆に言えば、たとえ経営リーダーが考える良い人がやってきたとしても、仕組みが悪ければ活躍することができません。

仕組み依存の会社に変えていくことは、経営リーダーに究極の自己責任感が求められます。

もう、人のせいにできないからです。

例に出したリーダーのように、「私が悪うございました」と言えることが大切なのです。

経営リーダーが視点を変え、会社を仕組み依存に変える決意をし、仕組みをつくると同時に、仕組みをつくれる人材を育てていくことで、仕組みで勝手に成長する会社が実現します。

この本をきっかけとして、社員にとっても、顧客にとっても、社会にとっても、そして経営リーダー自身にとっても新しい可能性が広がることを願っております。


あなたの会社が、はじめの一歩を踏み出す日に

著者より

【著者略歴】
清水直樹（しみず・なおき）
一般財団法人日本アントレプレナー学会代表理事。仕組み経営株式会社取締役。
東京都立大学理学部数学科卒業。マイクロソフト日本法人に入社。その後独立し、海外不動産の紹介会社を起業したのち、携帯電話普及の波に乗る形でモバイルコマース事業の創業メンバーとして参加。上場を目指すが経営メンバー同士の空中分解によって頓挫。その後、海外の経営ノウハウをリサーチし続け、2010年に世界No.1のスモールビジネスの権威、ベストセラー『はじめの一歩を踏み出そう』の著者、マイケル・E・ガーバー氏と出会う。ガーバー氏が開発した経営者向け研修プログラムを開催し、世界で最も多い300名以上の卒業生を輩出。また、同氏認定のファシリテーターを20人以上輩出（世界最多）。現在は日本の中小企業がワールドクラスカンパニーになるための支援活動に力を注いでいる。会社経営の仕組み化に関する講座には過去、経営者1000名以上が学んでいる。
◆仕組み経営HP：https://www.shikumikeiei.com

「仕組み化」の経営術

2024年6月12日　第1刷発行

著　者　清水直樹
発行者　唐津　隆
発行所　株式会社ビジネス社
〒162－0805　東京都新宿区矢来町114番地　神楽坂高橋ビル5F
電話　03－5227－1602　FAX 03－5227－1603
URL　https://www.business-sha.co.jp/

〈カバーデザイン〉中村　聡
〈本文DTP〉有限会社メディアネット
〈印刷・製本〉モリモト印刷株式会社
〈編集担当〉稲川智士　〈営業担当〉山口健志

ISBN978-4-8284-2629-7